ECONOMICS:
PRINCIPLES
IN EVERYDAY USE

超实用
活学活用经济学规律

陈计冰——著

中国法制出版社
CHINA LEGAL PUBLISHING HOUSE

前言

PREFACE

忙到快死了，怎么办？女人主动示爱可行吗？异地恋如何维系？不想当剩男剩女怎么办？……当你在生活中遇到各种各样的难题时，首先会向谁求助呢？长者或者心理学家？是的，他们或许能够缓解你的焦虑情绪，但真的能够帮助你解决问题吗？

就解决问题而言，经济学或许更加有用。经济学能够让人保持理性，不被优柔寡断的性格或薄弱的意志力所影响，有助于人们做出能给自己带来更大收益的选择。

别以为这是无稽之谈，尽管你很难将异地恋、小孩教养、获得上司青睐等问题与经济学联系在一起，但它们之间真的有着千丝万缕的联系，而那些理性智慧结晶——各种经济学理论、知识，也的确能够帮助你更好地处理这些问题。

诺贝尔经济学奖获得者、美国经济学家加里·贝克尔告诉世人："人类社会90%的行为都可以用经济学来分析。"

另一位诺贝尔经济学奖获得者罗伯特·索洛也曾说过："多多观察生活，就会发现有趣的东西，而经济学基础概念会给这些行为和事件以合理的解释。这是学习经济学的好方法，适用于我们所有人。"

本书或许有些直白，甚至有些没礼貌，但是一定能带给你十足的笑料；或许不能给你依靠的肩膀让你哭泣，却能实实在在地帮你解决问题。

赶快翻开本书，随我们一起用最新的经济学理论来解读心中五花八门的疑问和牢骚，并找到正确、有"收益"的解决办法吧！

目录

CONTENTS

第 1 篇　情感篇

第 2 篇　生活琐事篇

第 4 篇　职场篇

第 5 篇　投资理财篇

第 1 篇

情感篇

应该向恋人坦白糟糕的过往吗

兰子陆续谈过几次恋爱，不知不觉就变成了剩女，把父母急得不知白了多少头发。于是，她开始通过网络相亲。最近，她认识了一位工程师，很有感觉，彼此已经开始交往，兰子对未来充满了期待。

然而，让她苦恼的是，在过往的人生经历中，她作过不少错误的决定，那些过往真是让人觉得难堪，她不知道是否应该向恋人坦白那些经历，每天在“彼此应该坦诚”和“他会因为那些难堪的经历而丧失对我的好感”之间摇摆不定，真是纠结极了。

生活中，很多人都和兰子一样曾作过错误的决定，也可能会有难堪的过往。一方面，这些糟糕的过往会让恋人对兰子的好感大打折扣；可是另一方面，隐瞒又有违爱情坦诚的原则。那么，兰子到底应该怎么办呢？

经济学分析

假设恋爱是一种服务，恋爱对象是服务供应商，兰子就是服务消费者。倘若失恋，兰子必然要花费转换成本（时间、精力、情感等）以找到另一位服务供应商。

从兰子的角度来说，如果这种转换成本非常低，那么丧失或不丧失恋人的好感都无所谓。自暴家丑，最坏的结果便是恋人离开，最好的结果也只是恋人不计前嫌；隐瞒，最坏的结果也是恋人离开，最好的结果却是恋人对兰子的好感不变甚至增加，从而提供更优质的服务。

如果转换成本很高，失去这位工程师恋人，兰子会无比痛苦，那么恋人的好感就非常重要了，应该想方设法去保留、去提升。无疑，在这种情况下自暴家丑是非常愚蠢的，这很有可能让兰子失去恋人，陷入痛苦的沼泽。而隐瞒则能够维持恋人的好感，随着彼此交往的加深、情感的加深，即使有朝一日恋人知道了，但此时感情已深，恋人也不会轻易离开。

从工程师恋人的角度来说，如果转换成本很低，那么兰子那些糟糕的过往极有可能会让他认为兰子并不是一个值得交往的对象，转而寻找更好的对象、更加优质的服务供应商，反正这样做也不费什么力气，为什么不呢?

如果转换成本高，离开兰子会非常痛苦，又或者没有更多的时间、精力去开始另一段爱情，那么，兰子无论自暴家丑还是隐瞒过往，他都不会离开。当然，这两种做法都会导致他对兰子的好感减少，但是减少的好感是可以通过现在和以后的良好表现来挽回的。

解决方案

无论从哪方面来说，主动向恋人坦白糟糕的过往都不是好主意。对于兰子，如果想要保持这段感情的稳固发展，避免恋人中途离场，那么不妨想想办法提升恋人的转换成本。

恋人另寻一位恋爱对象，所需要的时间、精力、金钱是由多种因素决定的，此类转换成本个人往往不好控制。但仍能从这方面努力，提升个人价值，让自己变得更加优秀，就是一种有效的方法。比如，一个人长得越漂亮，身材越好，修养越高，那么她想要找到相配的另一位恋爱对象所需要的时间就越长，精力就越多，金钱也越多。换言之，所需的转换成本就越高。

此外，情感这一转换成本也是能够通过努力加以控制的。比如，在彼此交往的过程中，努力带给对方愉悦的体验，加深彼此间的感情羁绊，从而提高对方的转换成本。

经济学小常识

转换成本最早由迈克·波特于 1980 年提出，是指消费者从一个产品或服务的供应者转向另一个供应者所产生的一次性成本。值得注意的是，这里的成本指的不仅是经济上的金钱支出，还包括时间、精力和情感上的支出。

转换成本的存在，是供应商维系客户需要考虑的重要因素之一。倘若客户从一个供应者转向另一个供应者，需要支出或损失大量的时间、精力、金钱、关系和情感，那么即使客户对供应者的服务或产品有不满意的地方，也不会轻易转向另一个供应者。

通常来说，更换供应者所需要的支出或损失越大，消费者对于现任供应者的产品或服务微有瑕疵的敏感度就越低，就越不容易另寻供应商。市场上，某些厂家将产品的配套服务做得非常完美，就是为了增加客户的转换成本，从而留住客户。比如，通常航空公司都不会更换飞机供应商，因为一旦从空客换成波音，仅仅是配套服务中的机械师培训就将非常麻烦。

同样地，在恋爱中，倘若一方很体贴，将恋人照顾得十分周到，那么另一方通常会离不开他，因为一旦没有他，生活将变得一团乱，转换成本真是太高了。

真爱难寻，真的吗

我想我会一直孤单

这一辈子都这么孤单

我想我会一直孤单

这样孤单一辈子

…………

有的爱犹豫不决

还在想他就离开

想过要将就一点

却发现将就更难

…………

刘若英的一首《一辈子的孤单》引起了无数人的共鸣——真爱难寻。

同时，人们心中也产生了这样的疑问：我们是否应该走进婚姻殿堂呢，应该什么时候走进婚姻殿堂呢？如果总是“等等看再说”，会不会错过真爱，从而像歌里唱的那样一直孤单下去？如果太着急，会不会有遇见真爱却已非自由之身的遗憾？

其实，真爱并非难寻，感情之路也并不让人纠结，只要我们试着用经济学来规划自己的感情之路就能将这些问题看清。

经济学分析

从经济学的角度来说，在众多“爱的候选人”中，如果我们能知道婚姻的要素中哪些是大家都能办到的，哪些又是只有“真命天子”才能办到的，可能会对我们有帮助。

首先，与单身相比，婚姻能带给我们生产上的规模经济，尤其是生小孩。丈夫和妻子可以根据各自的相对优势，专注于不同的技能。相信你一定明白，几乎任何人都可以带给你这些规模经济。其次，是消费上的规模经济。两个人只需要一间卧室，而且共享一个厨房就够了。更重要的是，婚姻能够带来感情上的规模经济。彼此都能够从对方那里获得安全感、归属感、自我存在感等一系列积极的心理体验。

也就是说，从经济学的角度来说，婚姻是不错的选择。当然，这也存在一定的风险，也有可能带来规模不经济。比如，两个兴趣爱好、价值观完全不一样的人因一时冲动而结婚，其产生规模不经济的概率就相当高。

接下来真正的问题是：我们应该在何时走进婚姻殿堂，才既不会因为太早而错过更好的对象，又不会因为太晚而“贬值”被剩下？

这方面经济学家本来没有什么研究，直到英国经济学家米歇尔·贝萝和麦克罗·法兰切斯科尼公布他们的发现后才有了突破性的进展。他们分析了一家快速约会公司的资料后发现：女人喜欢身材高、富有、受过良好教育的男人，而男人喜欢身材瘦、受过良好教育、不吸烟的女性。

这些发现并不让人意外，但有趣的是：当选择变得稀少时，不论素质如何，女人都会“勾选”前 10% 的男人，认为值得进一步交往。要是这些男人普遍比较矮、比较穷，女人就会降低自己的标准，继续勾选其中的前 10%。

男人也一样，会放弃自己不切实际的想望。不论素质如何，他们都会“勾选”大约前 1/4 的女人。即使该公司规定：参加者如果觉得约会中没有喜欢的人，就可以再免费参加一次快速约会，以作为补偿。

解决方案

我们可以得出这样的结论：虽然人的价值（外形、健康等）会随着年龄的增长而有所下降，但是随着选择对象的减少，个人择偶的标准也会下降，这样一来，找到自己心仪的对象是不会受到太大影响的。但值得注意的是，这时婚姻带来的规模经济会相对更小，如 35 岁以后结婚，生产的规模经济就会明显小很多——与 25 岁结婚生下孩子相比，孩子在身体素质、天赋方面会明显差一些。

因此，我们可以等待真爱，但不能一直等下去。不妨给自己设置一个期限，超出期限就试着去培养一个“真爱”，这样会比较符合“经济效益”。

经济学小常识

规模经济：指在一定的产量范围内，随着产量增加，平均成本不断降低的现象。然而并非生产规模无限制地扩大，就会持续带来规模经济效益，有时生产规模扩大反而会导致单位生产成本的递增，称为规模不经济。

嫁个有钱人少奋斗 20 年，可行吗

生活中，几乎每个女人都有着王子公主式的爱情梦想。嫁个有钱人，从此过着幸福无忧的生活，这是每一个女人都做过的美梦。如果从经济学角度来看，我们可以得出怎样的结论呢?

在回答这个问题之前，让我们先来看一篇在世界范围内引起反响的网络帖子。

下面都是我的心里话。我 25 岁，拥有让人惊艳的美丽，并且谈吐文雅，有品位，想嫁给年薪 50 万美元的人。我认为这并不贪心，因为年薪 100 万美元也只算是中产。

为了实现我的愿望，我诚心诚意请教几个问题：

一、哪里能找到有钱的单身汉？（最好能列出酒吧、饭店、健身房的名字和详细地址）

二、我应该把目标定在哪个年龄段?

三、为什么长相如同白开水、毫无吸引力的女人都能嫁给富豪，而单身酒吧里那些迷死人的美女却时运不济？

四、你们凭什么决定谁能做妻子，谁只能做女朋友？（我现在的目标是结婚）

相信，生活中许多女性都有这样的疑问。以下是经济学家坎贝尔对这则帖子的回复，我们可以一起来分析一下。

经济学分析

坎贝尔的回答：

从经营学角度来看，跟你结婚是个糟糕的经营决策。道理很简单：经过总结归纳，你所说的其实是一笔简单的交易：甲方提供“貌”，乙方出“财”，公平交易，童叟无欺。但是，你的美貌会逐年呈现递减趋势，而我的钱则不会，相反它大有可能呈现逐年递增的趋势。

因此，从经济学的角度来讲你是贬值资产，而且是加速贬值，而我是增值资产！你现在 25 岁，未来的一段时间里，你仍可以保持美丽，即使你每年已经略有退步。可是你美貌消逝的速度会随时间的流逝而越来越快，10 年、20 年以后你的价值还剩下多少呢？

用华尔街术语说，每笔交易都有一个仓位，跟你交往属于“交易仓位”，一旦价值下跌，就应该立即抛售，而不宜长期持有。因此，对会加速贬值的资源，聪明人都会选择租赁而不是购入——也就是你说的婚姻。你想要的年薪 50 万美元以上的人当然不可能是傻瓜，因此他们只会跟你交往，但不会跟你结婚。

我这里有一句衷心的话：想办法把自己变成年薪 50 万美元的人，这比碰到一个有钱的傻瓜的可能性更大！

的确，坎贝尔的分析很专业、很合理。从经济学的角度来说，人每做一件事情都会有相应的成本和收益产生。成本是指为了达到特定目的而发生或未发生的价值牺牲，这不需要作过多的解释。至于“收益”的经济学概念，最详细的是20世纪初期美国著名经济学家达尔文·费雪在其著作《资本与收益的性质》一书中的阐述。

费雪从收益的表现形式上分析了收益的概念，他认为主要有三种不同形态的收益：精神收益——精神上获得的满足；实际收益——物质财富的增加；货币收益——增加资产的货币价值。

这三种不同形态的收益中，精神收益带有很强的主观性，很难具体计量；而货币收益则是不考虑币值变化的静态概念，因此它和实际收益都比较好计量。

同时，经济学家还指出，作为理性的经济人，只有收益大于成本的时候才会采取行动；而收益小于成本的时候往往就不会选择。从上面坎贝尔的分析中可以看出，作为男人来说，由于娶那些拥有嫁个有钱人心态的美女给自己带来的效益往往是不经济的，因此他们绝大多数都对此持否定态度。

解决方案

想要通过嫁个有钱人来获得富足的生活是不具有经济可行性的。就像坎贝尔说的那样，与其等待一个渺茫的可能，不如从此刻开始努力，通过提高个人能力去过上自己想过的生活。

经济学小常识

成本收益分析是一种量入为出的经济理念，它要求对未来行动有预期目标，并对预期目标的概率有所把握。成本收益分析的前提是追求效用的最大化。从事经济活动的主体，从追求利润最大化出发，总是力图用最小的成本获取最大的收益。在经济活动中，人们之所以要进行成本收益分析，就是要以最少的投入获得最大的收益。

成本收益分析的特征是：自利性、经济性、计算性。

同居，为什么不

最近，范范很快乐，也很纠结。因为独自在异乡奋斗的她遇见一位喜欢、体贴、照顾自己的人，然而男友却提出了同居的要求。

一方面，的确如男友所说，同居可以节省下房租、交通费等，更重要的是，范范也很依恋男友，想每时每刻都与男友在一起。

另一方面，她又担心彼此距离太近会冲突不断，害怕男友会发现自己没那么好，从而离开她，害怕男友在完全得到自己之后不再珍惜。

生活中有越来越多的青年情侣选择了同居，而非结婚，并且在近期内也没有结婚的打算。这些青年为什么会这样选择，这样的选择明智吗？在这样的现象背后又有着怎样的经济学奥秘呢？

经济学分析

从经济学的角度来说，婚姻的机会成本非常高。第一，爱情作为纯粹精神的东西，在现代社会受到物质财富的冲击越来越大，结婚意味着放弃选择更好的对象的机会。第二，当前生存条件和生活环境越来越严峻，购房按揭贷款、未来工作变动等问题都是需要考虑的，结婚往往意味着放弃有可能出现的更好的事业发展机会。

在这种情况下，青年情侣们便选择了一种折中的办法——同居。采用这样的方式，既可以享受温馨的二人世界，又不必承担婚姻所带来的机会成本和沉没成本。具体地说，同居的出现主要包括以下几方面的原因：

首先，青年情侣们缺乏对未来生活的理性规划。在市场经济条件下，人力资源的流动性很大，人们工作不稳定，工作所在地、居住地存在变动的可能，再加上对未来经济收入的预期不确定，许多青年人对结婚充满了恐惧，结婚变成了一种拖累。

其次，女性的经济越来越独立，她们不再需要通过婚姻这个长期稳定的契约来获得可靠的生活保障。经济上的独立，使得女性也开始追求自由选择的空间。而同居作为一种合作意向，而非正式契约，使得双方承担的责任都更少，选择也更灵活。

再次，情侣间彼此结识的成本低。随着社会的发展，男女之间结识的途径和方式越来越多，结识也越来越容易，彼此结识成本低是现代男女喜欢采用同居这种生活方式的一个因素。认识的成本低，认识得快，熟悉得快，分手也就快。由于成本低，人们便不再珍惜，在这种不稳定的感情关系下，双方最适合的选择就是同居。

最后，社会的进步带来了对传统观念的颠覆。社会的进步，使得生儿育女、传宗接代、养儿防老等观念在青年人的头脑里日益淡化，现今大多数男女在一起的目的是追求快乐和愉悦而非生儿育女、传宗接代，因此两个人都不需要承诺，合则来不合则去，离合都为大家高兴。

此外，同居现象是由经济基础所决定的。经济的发展必然影响人们的思想文化意识，对同居现象的接受度逐步加大。如果说同居现象是社会和经济发展的产物，那么这种现象到底是合理还是不合理呢？

有一位哲学家说过："存在即合理。"从经济学的角度来说，同居是理性经济人的一种理智的选择，这种选择会使人们付出相对较低的成本获取较高的收益。

同居使青年情侣与夫妻名分、财产关系、子女关系等很多东西撇清了干系，留下来的、与他们有关的似乎只有爱与性。关于性，经济学家对其也有非常精彩的分析。

经济学家认为，性行为是一种珍贵的衡缺资源，性别就是成本，能带来多少收益取决于经济人的理性选择是什么。

作为一种经济行为，性行为也有需求、有供应、有风险、有收益。因此双方在决定是否发生性行为时应该计算投入产出比，需要理性地思考。

要知道性行为是有成本的，在决定性选择之前，需要考量自己能否承担其成本，通俗地说，就是要考虑能否承担性行为的后果，如意外怀孕、感染性病等。当然，为了避免这些自己不期望的事情发生，人们往往也会采取一定的安全措施。想从这种行为中获得最大的收益、产生具有效用的人生体验，则需要参与者充分合作，要具备两个先决条件：一是双方都不能逃避应负的责任，二是彼此都要明确自己施与和接受的双重角色。

解决方案

从经济学的角度来说，同居现象的存在是合理的，但是其影响是正面的还是负面的，还有待进一步讨论。不过就风险来看，同居是不可取的。

同居和婚姻的差别只有一纸婚书，然而，放弃婚书也就相当于放弃了婚姻所给予的保障和权利，但是却要履行婚姻的义务。

比如同居中，男方一般会承担起女方的生活开销，也就是"养家"的责任，但女方极有可能卷着你的钞票远走高飞，而你只能干瞪眼；而女方则要负责照顾男方的饮食起居，辛苦不说，还有可能怀孕，然而没有婚姻的保障，男方就可以理所当然地始乱终弃。

难道你真愿意放弃权利、不要任何保障和回报，只要付出，只要爱他（她）就好？我们必须清楚地意识到：同居关系是站在一种“有条件的委身”的基本共识上——“只要凡事顺利我就跟你在一起，若是出了什么问题，那就一切作罢。”生活中不可避免地总会有辛苦难挨的时候，到时对方就会说拜拜了。

事实上，结婚的伴侣较可能忠于对方，而同居的人对伴侣不忠的概率是已婚人士的4倍。

婚姻能够赋予爱情双方永久的承诺，婚姻的誓约成为一种保障力，将人心坚固地联合在一起。

大多数婚姻誓言仍包括如此承诺：“不论病痛或健康、富足或贫困，我们会爱、尊重并珍惜对方，至死不渝。”这承诺重要的原因是：人与人之间最好的关系是建立在真心与诚挚的基础上，是双方可以保持真正的自我。

婚姻永远的承诺正可以应允这些：“即使我认识到真正的、有缺陷的、不完美的你时，我仍会跟定你。”

婚姻能给予孩子最稳定的生活环境，许多同居者不打算生小孩却不可避免地有了孩子，而我们都清楚一个未婚妈妈以后的道路将有多难走。

因此，一个懂得感情、尊重感情的人不会在恋爱的阶段做结婚后才做的事情，即使彼此已经发生了亲密关系，也不要同居。

经济学小常识

保障：社会成员之间的某种意义上的交互动态的有限支撑和支

持，如基本生存、基本生活、基本医疗、基本养老、安全、正当正义的言论自由等。具有法律效应的婚姻就是男女长久生活在一起的有效保障和支持。

成本：人们为了进行某种生产经营活动或达到某种目的而耗费的资源（包括人力、物力、财力等）。比如，在婚姻中，为了经营幸福生活，为了彼此关系的和谐，不仅需要基本的生活费（物力），而且需要打扫房间、陪伴对方、安慰对方（人力），最好还有车有房（财力）。

收益：财富（资源）的增值。通常分为三种形态，其一是精神收益，如从婚姻中获得了幸福感、安全感，从精神上获得了满足感；其二是实际收益；其三是货币收益。其中精神收益往往因人而异，无法计量；而货币收益往往因币值不断变化也不易计量，因此经济学家的研究侧重于实际收益。

恋人间架要怎么吵

“相爱容易相处难”，两个人从相识、相爱到相知、相守，势必要经历磨合的过程。在这个过程中，冲突、分歧不可避免，接下来争吵便发生了。此时，爱情正经受着考验。最后，要么从争吵中找到和谐相处的方法，继续走下去，将爱情修成正果；要么越吵越厉害，两败俱伤、相看两厌，直至分道扬镳，成为最熟悉的陌生人。

诚然，我们最初的心愿都是“白首不相离”，所以当争吵发生时，我们应该怎么办才能避免那让人遗憾的结果呢？

经济学分析

让我们来了解一下经济学中的斗鸡博弈。

某一天，两只好斗的公鸡在斗鸡场上发生了遭遇战。这时，公鸡有两种选择：其一是进攻，其二是退让。而这场遭遇战的结果无外乎三种：第一种，一方胜利、一方失败，当然，退让的一方将胜利拱手让给对方，在面子上会很挂不住；第二种，双方都退下来，平局收场；第三种，谁也不肯退下来，最后两败俱伤。通过分析，我们能够得出下面这个盈利矩阵：

甲＼乙	进攻	退让
进攻	（−2，−2）	（1，−1）
退让	（−1，1）	（−1，−1）

上表中数字的意思是：

斗鸡博弈中的甲乙双方如果均选择“进攻”，结果是不仅都失了面子而且还两败俱伤，双方都损失2个单位的利益；如果一方进攻而另一方退让，则进攻方收益1个单位，退让方损失1个单位的利益；双方均“后退”，都失了面子，各自损失1个单位的利益。

显然，对两只公鸡来说，最好的结果是：自己进攻而对方退让。也就是说，斗鸡博弈中有两个纳什均衡点：甲进攻乙退让，甲退让乙进攻。现在关键的问题是，到底由谁进攻，又由谁退让呢？在博弈论中，如果有唯一的纳什均衡点，那么这个博弈是可以预测的；但是现在有多个纳什均衡点，到底选取哪个纳什均衡点则必须根据另外的有关博弈的细节信息来决定。

生活中恋人吵架和斗鸡博弈是一样的道理，必须要有一方退让才能够重修于好，但是到底由哪一方退让呢？这才是问题的关键。这需要采用一个混合策略，也就是估计对方进攻或者退守的概率，然后自己估算出一个综合效用收益加以比较，如果进攻的效用收益高于退让的效应收益，那么就会进攻，反之则会选择退让。

比如，恋人吵架，如果一方觉得“面子又不能当饭吃，何必把彼此的关系弄成这样呢？这样斤斤计较还不如和和美美地过日子”，认为退让的收益是大于进攻的收益的，那么他多半会选择退让；相反，如果觉得面子是天大的事情，失了什么也不能失了面子，认为退让的收益小于进攻的收益，那么他多半是不会退让的。

解决方案

简单地说，倘若不是想要终结恋情，那么争吵发生后，有一方势必要做出退让。关键是哪一方先退让，在何时退让。倘若对方是应该退让的一方，那么我们如何引导对方去退让?

在争吵中，如果并未涉及原则性问题，那么谁让步都没有关系，只要有一方让步就万事大吉了。当然，谁爱得多一点、谁不占理一些，谁往往就会先让步。比如，女友参加同学聚会，与男友约好去接她。男友因为看球赛晚到了，女友口气很不好地问:“你怎么现在才到?又在玩游戏?成天就干些不正经的事!”而男友又因喜爱的球队输了球心情不好，于是没有像往常一样哄女友，而是选择了针锋相对，一场争吵由此爆发。这样的争吵就不涉及原则性问题，只要有一方让步就可以了，或者男友因为疼爱女友而主动让步，或者女友因意识到自己言语过激而让步。

相对地，当争吵涉及某些原则性东西的时候，无论是谁都不愿让步。此时对峙会更加激烈，被触碰了原则的一方不宜让步，那么此时如何引导对方，让对方让步就显得尤为重要了。比如，女友未经同意就私自翻看男友的手机短信记录，由此引发了一场争吵。女友并不认为自己有错，觉得自己有权了解男友的生活;而男友却觉得女友侵犯自己的隐私太过分。这时作为被触犯原则的男友往往会说“再这样就分手”，其实这就是通过胁迫让对方让步，但显然这种方式太过伤感情，副作用太大。采用引导让对方换位思考，动之以情晓之以理会更好，比如，可以说:“你想知道什么可以问我，想要看我的手机也可以先告诉我一声，我不会不同意，我在意的不是你翻看了我的手机，而是你不尊重我，侵犯了我的隐私。你想想，如果我这样你也会生气，不是吗?”

值得注意的是，恋爱中有时是不能讲道理的，情感往往优先于道理，即使我们是占理的一方，有时也要主动让步。如果能够以此促成幸福，为什么不呢？

经济学小常识

斗鸡博弈（Chicken Game）：将 Chicken Game 译作斗鸡博弈其实是一种误译。在美国口语中，Chicken 是“懦夫”的意思，Chicken Game 正确的译法是懦夫博弈。不过这个错误并不算太严重，并且，斗鸡博弈这种说法已经被绝大多数人所接受，因此，我们姑且将之称为斗鸡博弈吧。斗鸡博弈强调的是如何在博弈中采用妥协的方式取得利益。换位思考是双方从对峙僵局中摆脱出来的有效方法。如果彼此都换位思考，就可以针对让步的补偿进行谈判，最后促成以补偿换退让的协议，问题就解决了。相反，一方总是考虑自己得到多少补偿才愿意退让，并用自己的想法来要求、看待对方，那么僵局就难以打破，很可能两败俱伤。

纳什均衡点：1994 年获得诺贝尔经济学奖的约翰·纳什的主要成就就是提出了“纳什均衡”。这是经济学博弈论的一个重要概念，又被称为非合作博弈均衡点。当处于纳什均衡点时，没有任何一位参与者可以独自改变策略从而增加收益。但由于纳什均衡点定义只局限于任何局中人都不想单方面变换策略而忽视了其他局中人改变策略的可能性，因此，很多人认为纳什均衡点是“天真可爱”的，在很多情况下缺乏说服力。

混合策略：在完全信息博弈（每一位参与者都拥有所有其他参与者的特征、策略及得益函数等方面的准确信息的博弈）中，在每个给定信息下，策略的选择并不确定，而是以某种概率来选择，这样的策略就称为“混合策略”。比如，恋人争吵，彼此都非常了解，在这种情况下，其中一方有70%的概率会退让，有30%的概率不会退让，那么他采用的就是一种混合策略。

异地恋怎么谈

方文最近颇为郁闷，因为他面临一道在爱情和事业之间的选择题。就事业而言，公司委派他到兰州分公司任总经理，这简直就是一条青云路；然而恋人却不愿意跟他去外地，因为她在这里有稳定的工作和交往圈子，而在兰州人生地不熟。

他很担心，彼此的恋爱关系会因距离的隔阻而疏远，却又不知该做些什么来维系彼此的关系。

诚然，恋人因各种原因而分居两地的情况在今天并不少见。而异地的恋人难免会有像方文一样的担忧。那么，异地恋到底应该怎么谈呢?

经济学分析

为了维持彼此感情，保证一定的相处效果是必需的。事实上，也有许多异地恋人是这样做的。比如，抓住一切可能的时间奔赴异地与恋人相处；又或者一有空就与恋人“煲电话粥”，自己吃了什么、喝了什么、做了什么都说个遍，那些“我想你”“我爱你”之类的情话更是翻来覆去地说。

遗憾的是，效果似乎并不好，很快恋人可能就会腻烦，也可能是自己觉得疲惫，而结果不外乎是一个先离开了另一个。

那么，到底是哪里出了错呢?

美国目前最火的非主流经济学家泰勒·考恩告诉我们，异地恋情最好参考一下“阿尔钦—艾伦效应”。

阿尔钦—艾伦效应说的是，产品附加成本的产生会让消费者偏好转向优质产品。

类似地，异地恋会让彼此的恋爱增加附加成本（如到异地去看恋人的旅费、累积的思念等都可算作附加成本）。

从收益的角度来看，假设1次平常约会带给彼此感情的效用是10个单位，1次高品质约会带给彼此感情的效用是30个单位，3次平常约会的“收益”相当于1次高品质约会。而远距离给感情带来的损失是5个单位，那么1次平常约会带给彼此感情的效用是5个单位，而1次高品质约会带给彼此感情的效用是25个单位，5次平常约会的“收益”相当于1次高品质约会。尽管两者的“收益”都降低了，但相对平常约会而言，高品质约会的收益增加了。

从成本的角度来看，假设恋人在同城1次平常约会的“成本”是5个单位，1次高品质约会的“成本”是20个单位，换言之，4次平常约会“值”1次高品质约会。到异地去与恋人约会增加10个单位的“附加成本”，1次平常约会的“成本”变为15个单位，1次高品质约会的“成本”变为30个单位，2次平常约会“值”1次高品质约会。尽管两者的“成本”都提高了，但相对而言，高品质约会便宜了，恋人更倾向于高品质约会了。

看，无论是从哪方面来看，高品质约会都是值得选择的。

另外，客观地来说，异地恋增加了恋爱失败的风险，为了规避高风险带来的“损失”，一定的补救措施应该提前预备好。

解决方案

很明显，异地恋人之间更应该进行高品质的约会，而不是“家长里短”性的平常约会。更具体地说，没必要为了一起吃一顿饭或者一起看一晚上的电视而千里迢迢去看恋人。为了使旅行费更物有所值，你需要准备香槟、精彩的语言和充满活力的拥抱、亲吻。

此外，由于你们还年轻，很可能会遇到更好的人。为了规避异地恋带来的大风险，在你的男（女）朋友不在身边的时候，可以尽可能多地参加社交活动。这样，即使恋情失败，也能更快地走出伤痛、开始一段新的恋情。

经济学小常识

阿尔钦—艾伦效应：当相同的附加成本被加到两个相似的商品价格上时，人们会更喜欢消费更优质的商品。阿尔钦—艾伦效应是一种非常普遍的经济现象，比如，新西兰的优质奇异果通常会被运往世界各地销售，供不应求；再如，法国的优质葡萄酒通常也会被运往世界各地销售。

风险：大致有两种定义。从广义的角度来讲，风险表现为不确定性，指事件的结果可能是获利，也可能是损失，还可能是既无获利也无损失，如投资风险。从狭义的角度来讲，风险表现为损失的不确定性，说明事件没有获利的可能，只会带来损失，不过损失的多少不确定。

怎样才能不被剩下

在都市中，剩男剩女绝对不是一种稀有的存在。他们的足迹遍布都市的各个角落，在家人、年龄等多种因素的逼迫下，开始积极行动起来：下班后到三里屯泡吧，心中暗暗盼望某位帅哥或美女会对自己一见钟情；在健身中心打发时间，谁能保证跑步机边不会发生爱情邂逅呢；周末则忙着组织各种圈子（同学、同事甚至网友等）的聚会……就像 24 小时开着的雷达一样，随时寻找那些漏网的“白富美”或“高富帅”。

积极的态度有了，积极的行动也有了，可是自己还是被剩下了。难道靠谱的女人（男人）真的那么少？又或者自己的爱情运气真有那么差？

经济学分析

表面看来，如此“勤勤恳恳”还被剩下，是人都会感到不公平。但事实上，所谓“勤勤恳恳”只是错觉。反省一下，在出席完这些配对、聚会后，自己的反应是怎样的：“说来说去都是工作上那点儿事儿，再也没有比他更无趣的人了”“乍一看还挺漂亮，不过我有点担心卸掉妆会把我吓晕过去”“吃饭竟然要和我‘AA’制，这样不温柔的男人难怪没人要”……诸如此类，不胜枚举。一边，剩男剩女们说自己的择偶要求很低——异性、活的；但另一边，他们心中却有着烦琐且高不可攀的标准。如此一来，结果当然就只会有价无市、终日寻寻觅觅。

择偶如同消费。在经济学中，消费理论有三个重要的概念——效用、无差异曲线和预算限制。这三个重要概念能够帮助剩男剩女们了解自己为什么被剩下。

现在，检视一下自己的恋爱消费情况吧！

请扪心自问一下，一个怎样的对象才能博得你的喜爱呢？英俊潇洒（楚楚动人）？富有？体贴？学识？温柔？一般而言，所有条件都兼备的只有传说中的情圣。于现实世界中寻找配偶必须搞清楚这 5 个条件分别对自己有多重要。假定以上 5 个条件是评分标准，那么在为面前的对象打分前，需要知道的是，这不是 5 项分数的简单相加，而要计算加权平均值。如果 5 项条件同等重要，那么每项所占的比重应该均等，都是 1/5；如果是“外貌协会”的忠实粉丝，其他无所谓，但恋人的外貌一定要出众，那么，外貌所占的比重应该是 3/5，其他 4 项各为 1/10。

假设现在你面前有一个对象 A，他的外貌得分是 60，财富得分 90，体贴得分 90，学识得分 90，温柔得分 90，那么他的总得分就是 $60\times3/5+90\times1/10+90\times1/10+90\times1/10+90\times1/10=72$。

倘若标准是 70 分，显然面前这位相貌凑合，但其他几项优秀的对象是符合标准的。当然，符合标准的也可能是外貌堪比小贝的小混混。以此类推，所有条件不同但分数都达到了 70 分的人便会组成一条曲线，称为无差异曲线。只要不是处于这条曲线下方的对象，便是符合你条件的选择。

如此看来，符合条件可供选择的对象还是相当可观的。但真正决定我们是否能够告别单身的是预算限制。在恋爱市场中，了解自己的预算限制，即通常所说的“个人条件”“本钱”是非常必要的，是整个求偶过程中的关键。换言之，你得考虑，自己的个人条件是否能够满足匹配对象的要求，对方符合你的择偶标准，但是你是否有足够的“本钱”让对方愿意与你“合作”呢？为了更好地评估这一点，不妨依照对方的标准，按照加权平均值法给自己打打分，然后在那些符合条件的对象中寻找与自己的“本钱”相匹配的人，这样求偶的成功率才会高，才不会被剩下。具体如下图所示：

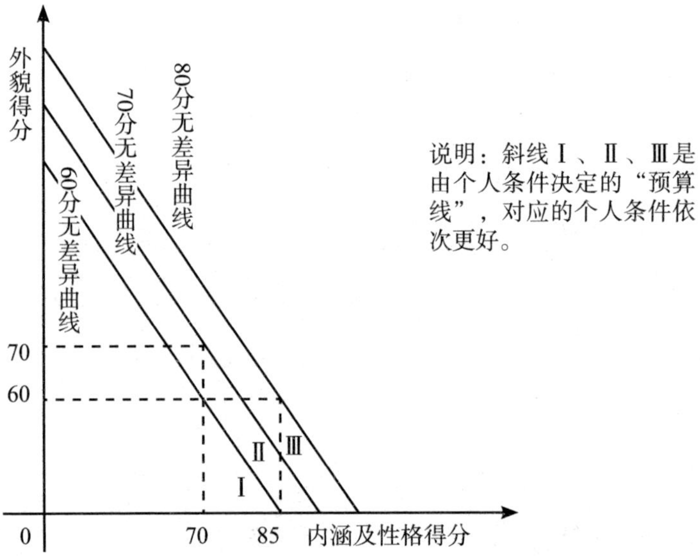

倘若你的个人条件没有斜线Ⅲ那么好，只有斜线Ⅱ的水平，尽管有一位外貌60分、内涵及性格85分的对象很吸引你，但由于你的个人条件不够好，对方没有看上你，你与他之间是无法建立恋爱关系的。这时不妨考虑一下外貌70分、内涵及性格70分的对象，他完全不会嫌弃你的个人条件不够好，最重要的是他带给你的快乐和满足一点不会比外貌60分、内涵及性格85分的对象少，可以说是目前个人条件水平下的最佳选择。

寻寻觅觅，终成眷属的那一对，其实正是消费理论中无差异曲线和预算限制相切的那一点，是令你感到最快乐的组合。经济学上把它称为效用最大化的消费组合。即你满意，同时又能消费得起的一个对象条件组合。

解决方案

爱情是美丽的，但不能太梦幻、太理想化，要扎根于现实的土壤才能开花结果。也就是说，一方面，择偶的要求不能太不切实际，不能与自己的“本钱”太不匹配，更不能以圣人化的完美标准来择偶；另一方面，不能为了不被剩下，而在自己本有条件寻找更好的配偶的情况下直接与条件差的对象建立恋爱关系。

总而言之，运用消费理论从而了解自己的爱好，并以自己的市场价值做出合理期望。除非你方方面面都无懈可击，否则完美恋人大多不会在你的消费集内。大多数情况下，你需要在各项要求中权衡取舍，找出预算内消费得起又能令自己满意的最佳组合。换言之，由于你的个人条件并不完美，所以你能够挑选的对象也是有限的，而你要权衡的是如何运用有限的个人条件找到最好、自己最喜欢、能够给自己带来最大效用的对象，然后建立恋爱关系。

经济学小常识

效用：指货品在人心目中的价值。这里的价值不一定指金钱，也可以是快乐、满足、刺激等感官体验。效用是非常个人化的，因人而异。俗语说“彼之蜜糖，吾之砒霜”，换言之，效用函数只对特定的某个人有意义，你甘之如饴的东西，在别人眼里可能毫无价值。比如，有的环保人士看到皮毛制品就心生反感，而有的人却宁愿吃一个月泡面也要拥有一个爱马仕鳄鱼皮包。为了便于讨论，经济学家将这种事物给人带来的“满足感”量化为数字，称为效用。简单地说，所谓效用就是对某些人和事所打的分。

无差异曲线：代表所有可产生相同效用的产品组合。

预算限制：即你手上的钱最多可买到的产品组合。举例来说，你手上只有 3000 元钱，你需要为自己的衣食支付费用。你可以选择穿名牌，勒紧裤腰带过日子；也可以选择穿得普通但吃得好一点；还可以选择吃得很好穿得相对较差。总之，你只有 3000 元，这就是你的预算限制。

从朋友到恋人的距离如何跨越

东子喜欢上了自己最好的朋友。不管什么时候，只要和她在一起，东子就很开心。但遗憾的是那位异性朋友似乎只是把他当作朋友，而没有明确表达出她也愿意进一步发展的意思。东子不确定对方是否喜欢他。他想向对方表白，为自己争取爱情，却又害怕对方根本没有和他进一步发展的打算，倘若说出自己的心意，对方势必会很尴尬，如此一来，岂不是连朋友也做不成？

最近一段时间，东子在表白与深埋爱恋之间被拨过来扯过去，真是纠结极了。

人与人之间的感情都是相处得来的，从朋友到恋人只有一步之遥，但这一步却不容易迈好。对于如东子一般“友达以上，恋人未满”的人而言，要如何跨越这一步呢？

经济学分析

经济学告诉我们，不完全信息博弈理论能够帮助东子脱离困境。

我们不妨将东子与朋友之间的“恋爱角逐”看作一场不完全信息博弈。

东子之所以如此被动，是因为自己掌握的信息不够充足。就目前而言，东子的情况有以下几种可能：

第一种可能，朋友清楚地知道东子的想法，但是她选择忽视东子的这种好感。而东子并不知道她已经知道了。

第二种可能，朋友喜欢东子，但是不知道东子也喜欢她。

第三种可能，朋友完全不知道东子的心意。

第一种可能，显然朋友掌握的信息比东子掌握的信息要多，而东子之所以迟迟不能决定是表白还是放弃，正是因为不知道朋友是否喜欢自己。换言之，如果能够在不挑明的情况下获取这一信息，东子做决定就不会那么艰难了。

针对第二种可能和第三种可能，东子首先要做的就是将自己喜欢对方的信息以比较委婉的方式传递给对方。如此一来，如果是第二种可能，就能轻而易举地成就恋情；如果是第三种可能，也便于东子进一步判断朋友的态度。

简单地说，东子现在要做的是在信息上下功夫——获取信息以及传递信息。

解决方案

显然，现实中东子不可能知道他和朋友的情况到底是第几种可能。不过最初始的可能是第三种。

现在应该做的是相对委婉地向对方传递“我喜欢你”的信息，让对方确切地知道，比如，可以让其他朋友帮忙，对她这样说：“东子对你可真好，我觉得他喜欢你呢！说实话，你们只做朋友真是太可惜了，做恋人多好，简直是天生的一对。”这样一来，不仅向对方传递了“我喜欢你”的信息，同时也留下了继续做朋友的空间。

接下来需要做的就是通过朋友的反应来获取“她也喜欢我”或者“原来她只当我是朋友”的信息。

最后，根据所获取的信息做出决策：如果获取的信息是前者，那么没什么好说的，赶快表白，建立爱情关系吧！如果获取的信息是后者，那么可以放弃，也可以继续以朋友的身份加深彼此间的感情直到她也心生爱意。

经济学小常识

不完全信息博弈：从信息掌握的程度来看，博弈分为完全信息博弈和不完全信息博弈。完全信息博弈是指博弈参与者对每一个参与者的策略空间及策略组合下的支付有全面的了解，反之则是不完全信息博弈。完全信息博弈是所有参与者的公共知识的博弈，而在不完全信息博弈中，参与者则需要努力使自己的期望支付或期望效用最大化。现实中，我们所参与的大部分博弈都是不完全信息博弈。因为几乎所有的情况下信息都是不对称的，往往都是某一个博弈参与者所掌握的信息多，而其他参与者掌握的信息少，从而也就导致了博弈双方一个占优势，一个占劣势。

获取信息：在不完全博弈中，获取信息是至关重要的，谁能够获取更多的信息，谁就有更大的胜算。在很多时候，获取信息往往是解决问题不可缺少的步骤。相信你一定有过这样的经历：尝尽了各种办法，问题仍然一团乱，当一切都僵住的时候，如果回过头来获取信息，往往会从信息中找到出路。在获取信息的过程中，我们可以更新自己掌握的信息内容，对信息进行排列、重组、比较、联想、质疑等，从而进一步开拓思路，激发自己的创造力，以找到问题的解决方法。

这样的约会规则对吗

周四，月涵有一个周末的约会邀请。这让她很高兴，这至少证明她还是很有“市场”的。对方约她一起看周六晚上的话剧，她也准备答应对方欣然赴约。可是闺密却阻止了她，建议她拒绝这次约会，因为朋友觉得，与让对方顺利约到自己相比，拒绝周三以后才提出的周末约会邀请，营造出“我很忙”“我很有‘市场’，‘供不应求’”的印象会更好。

这听起来似乎很有道理，但真的是这样吗？如果不是这样，那么自己很可能错过一次美好的约会，月涵犹豫了。

不用说，倘若这个规则是正确的，那么对被约会的一方来说真是太有用了。关键的问题是这个规则真的有用吗？

经济学分析

经济学家告诉我们，这条规则是对的，但是朋友和月涵的理解是错的。月涵的朋友为了让这条规则产生效应，便让她通过“拒绝约会”来告诉对方自己没有空，从而伪造出“我很抢手、很有身价”的信号。然而，从经济学的角度来说，伪造一个可信信号的代价是非常高的。要知道，如果信号可以轻易伪造，那么这个信号往往不容易让人相信，也就不算什么信号了。

倘若将男士比作人才市场上的雇主，而将女士比作应聘者。当雇主发出邀请后，会有聪明的应聘者假装很忙，没有时间参加面试以提高身价吗？

显然，绝大多数应聘者是不会这样做的，因为他们清楚地知道，雇主不会在乎他们是否很忙，不会因为“应聘者忙”这个信号就判定花大价钱聘用他是值得的。同样，在男女关系中，这种假装信号的价值为零，因为没有男人会在意。

简单地说，这条规则的真正作用并不是发出某种信号从而制造对自己有利的局面，而是筛选。

“拒绝周三以后发出的周末约会邀请”这一规则可以帮助女人们剔除那些不体谅别人以及并不是那么有诚意的男人。

解决方案

生活中，我们应该正确认识这一被广泛口口相授的“约会规则”。要明白，拒绝周三以后才发出的周末约会邀请，并不能帮你传递“你发出的约会邀请太迟了，在这之前，我已经有太多的约要赴。我的条件很好，很抢手，追求的人很多，如果你也想追求我，那么最好多花点心思和力气”的信息给他人，即便传递了，对方也不会相信。

假装约会太多、无暇赴对方的约真不是显示“身价”的好方法，不会让人在男女关系中获得什么优势。

如果对邀约的人有一定的好感，那就别再介意对方那一小点的不体贴（周三之后才发出邀请），赶快把约会答应下来吧！

当然，如果对邀约的人并无特别的感觉，并且很在意对方是否体贴，那么就果断地执行这一约会规则，拒绝周三后才发出的、欠缺体贴和诚意的周末约会邀请吧。

经济学小常识

筛选理论：1973 年，迈克尔·斯潘塞提出了信号发送模型，该模型体现了筛选理论的基本思想——在信息不对称的劳动力市场上，雇主不能准确地判断求职者或新员工的生产能力。迈克尔因为此项理论获得了 2001 年的诺贝尔经济学奖。

筛选理论质疑人力资本理论关于教育能提高劳动生产率的主张，认为就劳动力市场而言，教育的主要作用不在于提高人的认知水平，而在于为筛选不同能力的人提供依据。

在劳动力市场中，雇主总是希望从众多求职者中找到能力相当的人去填补空缺岗位。但是，当雇主与求职者相遇时，雇主并不了解求职者的能力，一时无法了解求职者的生产能力到底如何，不过他们可以通过求职者的个人“标识”（天生而不能改变的，如性别、种族、家族背景等）和“信号”（后天获得，可以改变的，如受教育程度、婚姻状况、个人经历等）来判断求职者的能力，尤其是通过教育信号来判断。

那么，为什么雇主愿意通过教育信号来了解求职者的能力呢？一个人的能力与他获得教育信号所支付的成本成反比——在其他因素相同的条件下，能力高的人支付较低的成本就能获得较高的教育水平。因此，教育信号是反映个人能力大小的有效信号，是雇主鉴别求职者能力，从而筛选求职者以匹配空缺岗位的一种有效装置。

支付较低的成本就可以获得较高的教育水平，因而教育水平是反映个人能力大小的有效信号，是雇主鉴别求职者能力，对他们进行筛选并安置到不同岗位上的一种装置。“拒绝某些约会邀请”也是一种筛选装置。

为取悦他（她）而痛，值得吗

男友感叹广告里模特那雪白嫩滑、不见毛孔的肌肤漂亮，小唯便上了心，致力于将自己的肌肤打造成这样。首先必须用蜜蜡脱毛膏将肌肤上的汗毛都拔掉，那过程真是痛苦极了。庆幸的是，男友真的很喜欢，也很感动。

看着男友溢于言表的喜爱，小唯很想将蜜蜡脱毛膏一直用下去，可是一想到拔去汗毛的疼痛，又有点退缩了。

恋爱中，为了取悦恋人，有些事即使会让自己痛也愿意去做。比如，有不少男性都会为了博得女友的欢心而在身体上文上代表两人爱情的图案，但那的确很痛。

那么，小唯和这些人是否应该继续做这样的事呢？这样做是不是明智的呢？

经济学分析

从经济学的角度来说，我们将为了取悦恋人而承受疼痛的行为看作一种“感情投资”。既然是投资，就要带来一定的收益，才值得继续下去。

显然，恋爱中，用过蜜蜡脱毛膏的肌肤能够得到男友的欣赏，在身体上文上爱的图案能够让女友感动，这样的收益的确让人高兴。但是显然这种投资具有很大的局限性。

一方面，由于边际效用递减规律的存在，继续使用蜜蜡脱毛膏，每次还是会疼痛，但随着次数的增加，恋人由此获得的满足感、喜悦感会逐渐降低。文上爱的图案这种行为并不适合一而再再而三地做，否则不仅不会获得收益，反而会有损失——让恋人觉得太过极端进而产生恐惧甚至主动疏远。

从这方面来说，为了取悦他人而让自己疼痛的行为其实并不是一种好的投资，让自己难受却收益有限的投资，为什么还要去做呢?

另一方面，就经济学的角度而言，只针对单一顾客的喜好进行投资并不明智。通常情况下，商家不会安装只能满足一个特定顾客的营业设备，除非顾客能够给予高额的回报，又或者能够与商家签订长期合约，为商家带来长久收益。并且，商家为了避免因顾客欺骗所带来的损失，往往不会在顾客付款或签约前投资。

对于恋爱来说，高额回报可以是对方从此揽下家务活儿，而长期合约可能就是婚姻或者由一枚价值不菲的钻戒提供保证的订婚。那么，我们是否能够在“感情投资”之前就获得这些让我们幸福的收益呢？又或者是否有把握在我们“投资”之后一定能够收回自己应得的收益呢?

解决方案

显然，为了取悦恋人而为难自己并不是一项值得去做的投资。要取悦恋人、增加恋人的好感有许多方式，为什么一定要选择让自己难受的方式呢？为什么不换一种投资策略呢?

考虑将一种更多人喜欢的行为作为“感情投资”，效果可能会更好。比如，和他一起看望家人，这不仅有益于彼此的爱情，也有助于融入恋人的家庭，毕竟，尽管爱情是两个人的事，但爱情要开花结果就是两个家庭的事了。

倘若嫌这类投资的机会少、费神，也可以找一件双方都喜欢的事去做，这样反而更容易让彼此产生感情共鸣，收获更多。

经济学小常识

感情投资：把感情代替其他一些具有价值的投资资本来进行投资。在人性社会中，感情投资是一切投资的最终境界，通过金钱、实物等投资出去的，无形中就已经转化为了感情投资，得到的回报也有意无意地体现在感情当中。感情投资是人性社会最有效的投资策略。

边际效用：一定时间内消费者每多消费一个单位商品或服务所获得的新增的效用，也就是总效用的增量。在经济学中，效用是指商品或服务满足人的欲望的能力，也可以说是消费者在消费商品或服务时所获得的满足程度。

边际效用递减规律：在一定时间内，消费者每多消耗一个单位的商品或服务，其所获得的新增效用是递减的；当消费商品的服务或数量达到一定程度时，消费者不能再从新消耗的商品或服务中获得效用，感受到满足。如果继续增加消费数量，消费者获得的将是负效用，感受到的将是厌烦。

投资策略：对资产根据不同需求和风险承受能力进行的安排、配置，包括选择股票、债券、商品期货及不动产品种、配置投资资产比例、安排投资周期等内容。

女人主动示爱可以吗

27 岁的林倩是一位美女，与人交往一直是矜持的。她渴望美好的爱情，身边也出现过既优秀又让她心动的男士。她将自己打扮得漂漂亮亮，满怀期望地等待心仪的人来表白。然而，遗憾的是她等来的不是心上人的表白，而是心上人与他人牵手的消息。

看着自己不再稚嫩的脸庞，林倩开始反省，或许自己应该主动向心仪的对象发出约会邀请吧，可是不都说女人应该矜持吗？女人主动示爱真的可以吗？

的确，按照传统，女人都必须等男人来求婚或发出约会邀请。但是，这样的做法到底对我们是否有益呢？

经济学分析

关于这个问题，2012 年获得诺贝尔经济学奖的罗伊德·沙普利及其同事盖尔所提出的“稳定分配”理论能够帮助我们（沙普利正是因提出了“稳定分配”理论而获得了 2012 年诺贝尔经济学奖）。

沙普利和盖尔运用“稳定分配”理论来教单身男女速配。他们的思路是这样的：

第一天上午，所有的单身男人都向自己最爱的女人求婚。下午，每个女人清点向自己求婚的男人的名单。如果只有一个男人，那么就和他订婚；如果有多个男人，那么就和其中自己最爱的男人订婚，拒绝其他男人；如果一个男人都没有，那么就耐心等待。

晚上，统计一下结果，如果所有女人都订婚了，那么一切圆满了，第二天举行集体婚礼。但如果还有女人单身，那么速配第二天仍需继续。

第二天上午，所有仍单身的男人向自己次爱的女人求婚（昨天他们已经被最爱拒绝了）。下午，每个女人清点一遍自己收到订婚的情况。如果已经订婚了，但是今天又有一个自己更爱的男人来求婚，那么拒绝原来的那个，再和这个自己更爱的男人订婚；如果还没订婚，就像第一天那样处理。

晚上统计结果，如果还有女人没有订婚，那就第三天再重复这个过程。

第三天上午，所有未订婚的男人，包括第一天订了第二天又被踹出来的，再向未拒绝过他的女人中他最爱的那个求婚，整个过程就像第二天那样。

…………

如此周而复始，直至所有的人都成功订婚，再举行集体婚礼。

显然，上面的匹配算法与现实中女人等待男人示爱而非主动示爱的情况基本一致。

男人向女人求婚，女人只需挑选自己最喜欢的一个；而男人则面临被屡屡拒绝的可能。如此看来，这似乎对女人更有利。

那么，事实到底是否如此呢？

让我们分别来看看男人和女人如何才能得到自己最爱的人。男人要得到他最爱的女人，他只需在与其他也最喜欢这个女人的男人的竞争中获胜就可以了；而女人要想得到自己最喜欢的男人，则需要看自己在对方的偏爱顺序中排第几，也就是说，一开始就要和所有的同性竞争。

简言之，男人更容易得到自己的最爱，而女人要得到自己的最爱则相对更难。

由此看来，林倩因矜持而一再错失所爱也就不足为奇了。女人想要优质男人，还是主动一些更加有利。

解决方案

如果由女人求婚，男人负责拒绝，也是同样的结果。由此看来，哪一方更主动一些，哪一方便更容易获得最爱。令人遗憾的是，沙普利和盖尔早在1962年就提出了该理论，而50年后的今天我们中还有许多人一味矜持，选择不利于自己的被动策略。

在恋爱中追寻最爱、追求幸福的我们是否也选择了被动的策略呢？从此刻开始，为了幸福主动一点，也应该主动一点。要知道，主动不等于不矜持，更不等于掉价！

经济学小常识

稳定分配：供需平衡的一种相对静止的稳定状态。

盖尔—沙普利运算法则：1962 年，盖尔和沙普利共同撰写了一篇论文。他们以 10 名男子和 10 名女子“婚配”为范例，阐述了一种在价格不可以用作配置资源的手段，资源只能以分配或配给方式加以配置的情况下实现“稳定分配”的方法——设想如果由每一名女子先做选择并向最中意的男子“求婚”，然后由每一名男子审视所有“求婚”并回绝除了最中意女子以外的其他所有“求婚”，就可以实现稳定分配。这一算法的核心是男子保留并延迟接受最中意女子的“求婚”。这一算法被称为“盖尔—沙普利运算法则”，又称“延迟接受运算法则”，以实现“稳定分配”为中心概念。

值得一提的是，盖尔和沙普利的这一理论之所以能够获得诺贝尔经济学奖，是因为该理论涉及经济领域的中心问题——如何实现供需匹配，并且把抽象理论延伸至市场机构的实际设计。在资源分配中，很多时候，选择、匹配或分配的主体都具备决策能力，有能动性。此时，盖尔和沙普利的理论便可大显身手了。比如，大学生选择大学，而大学也同样选择大学生，在该资源分配中，我们便能通过盖尔—沙普利算法实现稳定分配。

求婚，立刻还是以后

恋爱，只要有感觉，我们就开始，但结婚是件无比郑重的事，往往会反复思量。不过，当恋情发展到一定程度，结婚都会被提上议程，大仁和美美就是如此。

大仁和美美在一起已经两三年了，感情稳定，而彼此也有继续在一起的打算，大仁开始考虑结婚的问题。问题是，求婚，到底是应该尽快选择即将来临的某个特殊日子（情人节、恋人生日、两人开始在一起的纪念日等），还是延后呢？

经济学分析

很明显，大仁是想和美美牵手一生的，因此，不管是现在还是以后，求婚的预期净现值都是正的。

英国著名诗人安德鲁·马维尔曾说过，那些能够创造价值的事还是早点做的好，因为时间总会匆匆逼近。但显然马维尔忽略了实物期权理论。实物期权理论的发展表明，推迟行动是值得的，这很可能让我们获得更多有价值的信息。换言之，需要权衡的是推迟的成本和通过等待能够获取新信息的价值，判断两者孰重孰轻。

对于有耐心的人来说，推迟的成本很小。倘若彼此处于热恋阶段，那么求婚还是推迟一下的好，毕竟每天恋人都有新的不同等着你去发现，这些惊喜值得去等待。这也是为什么通常建议年轻人不要草率订婚的原因之一。

相对地，如果彼此已经相处了相当长的一段时间，了解也已经达到了一定的深度，即使推迟求婚，再观望下去也不会有什么重大发现，那么，为什么还要等下去呢?

当然，还需要考虑到，当你做出了决定也就完全放弃了其他选择，在这种情况下选择价值就是零。在真正做出决定是立刻求婚还是推迟求婚之前，最好确定一下恋人是不是也愿意立刻结婚或者等待。不然，彼此间很可能爆发争吵，更甚者，不愿意等下去的恋人“挥一挥衣袖不带走一片云彩”，然后开始新的恋情去了。

解决方案

总之，如果彼此感情发展到位，了解也足够，那么就别再等待了，立刻求婚吧！相反，如果觉得彼此了解还不够，那么等上一等也无妨，但一定要和恋人沟通好。

针对大仁和美美的具体情况，显然，在即将到来的特殊日子求婚才是大仁的明智选择。

经济学小常识

预期净现值：预期中投资方案所产生的现金净流量以资金成本

为贴现率折现之后与原始投资额现值的差额。比如一项投资，预计年底利润为 110 万元，折合现值 105 万元，预期净现值就是 5 万元。在经济决策中，预期净现值通常被作为方案是否采纳的依据，在只有一个备选方案的采纳与否决决策中，预期净现值为正者则采纳，预期净现值为负者则不采纳。在有多个备选方案的互斥选择决策中，应选用预期净现值是正值中的最大者。上面说的求婚的预期净现值是正的，也就是说，求婚这项投资会带来收益，或者是彼此间弥坚的感情，或者是稳定长久的情谊，至少在预期中是这样。

期权：其实就是一种特殊的合约协议，它规定持有者在某一个期限内或某一个日期前的任何时间都有权利以固定价格买卖某种资产。在存在不确定性的条件下，期权是有价值的，并且其价值与不确定性成正比。在资产结构中，如果含有期权，那么资产的风险越大，其价值可能也越大。

实物期权：宽泛地说，是相对金融期权而言的，是以期权概念定义的现实选择权。实物期权方法为企业决策者提供了在不确定性环境下进行战略投资决策的思路，是当今投资决策的主要方法之一。实物期权的一般形式包括放弃期权、扩展期权、收缩期权、选择期权、转换期权、混合期权、可变成交价期权以及隐含波动率期权等。

延迟投资期权：也叫等待期权。管理者有推迟投资的权利，如果市场不确定性太大，又或者自己了解的信息不够，这种期权能够减少投资失败的风险。上面为了获得更多的信息、更好地了解恋人以减小婚姻失败的概率而推迟求婚就是延迟投资期权。

扩张期权：当情况不明朗时，管理者通常会先投入少量资源以试探情况，这种为了进一步获得信息的试探性投资行为称为扩张期权。

收缩期权和中止期权：当实际情况比预期差很多，管理者为了减少损失，从而缩减或撤出原有投资的行为。

转换期权：在项目的实施过程中，管理者根据外部实际情况的变化调整投入要素、产品、资源结构的行为。比如，一位房地产开发商买下一块地皮本打算用来建高档住宅小区，但政府新的规划出台，地皮周边很多地方被规划成办公区，于是，他调整了地皮的用途——建成美食街。这位房地产开发商根据实际情况的变化及市场需求调整了产品，将住宅小区调整为美食街。显然这让企业的项目营运具有了机动性，为企业适应市场或竞争环境变化提供了可靠的保障。

放弃期权：如果市场环境变得恶劣，又或者与项目的投入相比收益让管理者很不满意，那么管理者有权放弃对项目的继续投资，并可能收回成本。在恋爱中，女性迟迟等不到男性的承诺——婚姻，那么女性心灰意懒之下完全可以结束这一段恋情，进而开始新的恋情。这就是女性的“放弃期权”。

第 2 篇

生活琐事篇

减肥与美食诱惑，何去何从

“减肥”如今已然成为一个热门话题，几乎成为女孩子的口头禅。但是随着减肥的流行，一个问题普遍困扰着这些减肥者，那就是“减肥与美食诱惑何去何从”？

人们一方面抱着坚定的决心要减肥，但另一方面在面对美食诱惑的时候，又会不自觉地投降，在美美地享受完一顿美食之后，便开始自责：“我真是没意志力，减肥计划又泡汤了！”

曾女士是知名杂志社的一名编辑，长期坐在电脑前工作使她的肚子上长了很多赘肉，于是她决心减肥。她的好朋友杨女士是一位“美食专家”，喜欢搜罗各种美食，每次发现了新的美食，便会拉着曾女士一起胡吃海塞一顿。

每次吃完后，曾女士总是告诫杨女士：“以后别在用美食诱惑我了，即使是山珍海味，也不要叫我！不然，我怎么瘦下去啊？”但是下一次遇到同样的情况，曾女士仍然会欣然前往，她的口号是：“不吃饱哪有力气减肥？”

很多人都像这位曾女士一样，面对美食，总是不能自已。那么，面对减肥这个重任和美食这个绝对诱惑，我们究竟应该怎么办呢？或许我们应该从经济学的角度来分析。

经济学分析

从经济学的角度进行分析，减肥能让人变得更漂亮，在提升自我竞争力方面有很大的优势，所以多半人喊着要减肥。

但是为什么很多人都嚷嚷着要减肥却鲜有成功的呢？因为对于大多数人而言，说的成本是相当低的，他们不是古代的帝王，没有必要金口玉言，因此，他们往往有减肥的豪言壮语，但是在实际操作的时候，往往会面临多重选择。例如，他们要放弃一部分活动的时间去做他们原本不喜欢的运动，这是行动的成本（原本可以做的事情与运动带来的愉悦感形成的反差造成的机会成本）；当面对美食的时候，他们只能看着美食流口水，这也是付诸行动的成本（放弃享用美食带来的机会成本）……由此看来，付诸行动的成本还是挺高的，尤其是在面对美食诱惑的时候，他们往往没有招架能力，轻而易举地投降，所以嚷嚷着要减肥的人数和实际减肥成功的人数，总是存在巨大的差异。

而且，面对美食的诱惑，人们往往会考虑到边际量。对减肥中的人而言，他们的成本是无法享用美食带来的边际成本，而他们的边际收益呢？是拥有苗条的身材，提升自我的外在竞争力，但是这些收益是长远的。对于对美食没有抵抗力的人而言，他们是很难想象到自己因为不吃眼前的美食而穿上漂亮的衣服让自己变得更有吸引力的情景的。在面对美食的那一刻，他们的边际收益几乎为零。因此，他们很容易做出吃眼前的美食这个决定。

另外，美食中常常存在着陷阱，那就是所谓的健康食品。如果某些食品既是健康的又是美味的，往往会成为人们的选择。例如，全麦饼干。减肥中的人都知道不能吃奥利奥这种高热量的食品，而会选择全麦饼干。但是他们忽略了一点，美味的奥利奥饼干，每100克中含有的热量大约是4792005千焦，而美味的全麦饼干，每100克中含有的热量大约是4681960千焦，二者之间根本差不了多少。而大多数人会被“健康”二字所蒙骗，在享受美味的健康食品时，暗示自己不会影响到减肥的成效，所以肆无忌惮地吃，最终导致自己的减肥计划泡汤。

解决方案

减肥是一项长期的事业，光喊口号是没有用的，还需要具备坚定的意志力，更需要长远的眼光，不能只看眼前的利益（享用美食带来的快感），而应该看到长远的利益（个人吸引力的提升），你始终应该清醒地认识到一点——成本和收益是成正比的。所以，需要减肥的你，赶紧行动起来吧，拒绝美食的诱惑，做漂亮、自信、有吸引力的自己。

经济学小常识

边际成本：在经济学中，边际成本指的是每一单位新增的产品（或者购买的产品）带来的总成本的增量。这个概念用来表现每一个单位的产品的成本与产品总量的关系。边际成本存在一个变动规律，先会随着产量的增加而降低，达到一定规模后开始增加。

边际成本主要用来研究成本的变化规律，配合边际收入来计算边际利润。

当边际收入 – 边际成本 = 边际利润 > 0 时，方案可行。

当边际收入 – 边际成本 = 边际利润 < 0 时，方案不可行。

边际收益：是指增加一个单位的产品销售所带来的收益，即最后一个单位的产品售出所带来的利益。边际收益是厂商利润分析中的一个重要概念，实现利润最大化的一个必要条件就是边际收益和边际成本相等。边际收益可以是正值，也可以是负值。

剩饭是吃还是不吃

在日常生活中，我们难免会碰到这个问题：饭菜做多了，一顿没有吃完，剩下的饭菜应该怎么办呢？是勉强吃下去还是直接扔掉？由于受到中国传统观念的影响，大多数人信奉“勤俭节约是一种美德”，所以会毫不犹豫地选择前者，把剩下的饭菜一扫而光。

曾经看到一则让人哭笑不得的新闻：

一位乡下老汉住在城里儿子家。老汉一生非常节俭，从来不舍得扔东西。但是儿子、儿媳却跟他的观念不同，他们更注重身体健康，过期的东西或吃不完的饭菜总是毫不犹豫地扔掉。

老人深知儿子、儿媳的性格，因此，每次吃饭总是吃到最后，把剩下的饭菜全都吃完，每次吃完饭总是撑得十分难受。有一次，老汉像往常一样做了一桌子菜，等着儿子、儿媳回家吃饭，但是夫妻二人突然有事回不了家。面对一桌子菜，老汉开始发愁，心想：“儿媳回来一定会把这些菜全都倒了，多浪费啊！”于是悲剧出现了，老汉一个人吃了三个人的饭菜，最后被送进了医院。

这样节俭的事例，在我们的生活中并不少见。尤其是我们的父辈、祖辈，他们经历了艰苦的岁月，因此相对而言，他们的节俭意识会更强。

剩下的饭菜是该吃完还是该倒掉，值得我们思考。如果从节俭的角度出发，应该毫不犹豫地选择吃掉，但是因此可能会带来一些隐患，如像事例中的老汉一样，因为吃得过多而进了医院；而且长期多吃，营养过剩，还可能会带来肥胖等问题。那么，如果从经济学的角度出发，我们又应该怎样看待这个问题呢？

经济学分析

从经济学角度分析，剩饭不论是吃下还是扔掉都是浪费。一方面，做熟了的饭菜如果不便保存，便是沉没成本，这笔开支已经付出了，就像泼出去的水一样，无论怎样也收不回来，因为无论你做出什么选择，都不能把已经做熟的饭菜再变成生米或者生菜。另一方面，如果我们深刻体会到了吃饭吃到撑的定律，也就是前文中提到的边际效益递减的规律，就会得出这样的结论：勉强吃剩饭实在是一个不明智之举。因为，一个东西如果吃得太多，就会感觉味同嚼蜡，没有享用美食的快感，边际效益自然就递减了。而且，如果剩饭本身存在问题，如已经变质，一旦吃出毛病就要额外支出一笔医药费，在精神和身体上都要承受一定的损失。

类似于扔剩饭这样的场景，也经常会出现在其他方面。当婚姻出现裂痕的时候，是选择继续维持有名无实的婚姻，还是选择离婚，其实这与吃不吃剩饭是一个道理。如果从经济学的角度来看，选择继续保留婚姻，双方都将付出巨大的成本——一生的幸福，这就等于在拿自己的幸福做赌注，而且双方都是输家，最后的收益是不快乐、不幸福的一生；如果选择离婚，付出的成本是暂时的伤痛，而在伤痛之后，可能会获得巨大的收益——重新享受到幸福。

那么，我们面临关于“剩饭是吃还是不吃”的问题，究竟应该怎么解决呢？

解决方案

对于剩下的饭菜，是吃还是不吃，应该在已经吃饱的情况下，比较吃剩饭的成本与收益。从经济学的角度来讲，当吃下剩饭的成本小于收益时就应该吃，反之，就应该不吃。我们先来分析一下吃剩饭的成本是什么呢？第一，应该是生理上难受，吃多了，胃会感觉不舒服；第二，多余的饭菜会对身体造成一系列的破坏，据说吃饭的最佳状态是吃到八分饱。那吃剩饭的收益又是什么呢？大多是在下一顿少吃一碗或者半碗饭。通过比较成本和收益，我们不难得出这样的结论：如果已经吃饱，那么吃剩饭是没有必要的。毕竟身体健康才是最重要的。在面临类似剩饭问题的选择时，也应该用成本和收益去分析，只有成本小于收益，才是明智之举。

经济学小常识

成本和收益是人们从经济学的角度衡量某件事情值不值得做的一个重要标准，当做某件事情的成本大于收益时，一般不考虑做这件事情；当成本小于收益时，则可以做这件事情。但是这种标准也不是绝对的。因为有时还需要考虑个人的情感因素。

大城市堵车问题的症结在哪里?

随着城市化进程的加快，各种城市病也随之而来，堵车成为世界上许多大城市的心病。北京如此，上海如此，伦敦、巴黎、华盛顿也同样如此。

以北京为例，在上下班高峰期，堵在路上一两个小时非常正常。

一对小夫妻在北京五环外租了房，丈夫在内环工作，妻子工作的地点离租房的地方不远。两人经常为什么时候到家吃晚饭犯愁，原因就在于丈夫乘坐公交车上下班，经常被堵在路上。妻子做好晚饭，左等右等也不见丈夫回来。本来一个小时的车程，遇到堵车的时候，往往需要耗费两倍的时间。

一次，丈夫 5 点就坐上了公交车，一路上都在堵车，当公交车行至某地时，已经无法继续前行了。司机非常淡定地告诉乘客："根据我的经验，照目前这种情况来看，我们至少要在这里堵两个小时，下车走路也许更快。"本来以为这只是司机的一句玩笑话，结果半个小时过去了，车仍停在原地未动，车上的乘客只好纷纷下车走路。

丈夫在步行一个多小时后终于到家了。而此时，那条路仍然被堵得水泄不通。

为什么在大城市会出现如此严重的堵车现象呢？堵车问题的症结究竟在哪里？

经济学分析

北京堵车问题的症结究竟在哪里呢？有人曾经总结出了以下四个方面的原因：第一，北京作为一个高速发展的城市，私家车发展的速度非常快，北京居民的私家车拥有量很高；第二，北京的出租车数量多，大量的出租车行走在路上，导致原本不宽的道路变得更加拥挤；第三，北京的道路发展与私家车发展之间存在矛盾，道路的发展速度跟不上私家车的发展速度；第四，北京的道路设计本身存在不合理性。

但是如果从经济学的角度进行分析，北京堵车的最根本原因并不在这里，而是在于对作为公共产品的道路的使用、占用、收费的分配上。

道路是一种公共产品，而且是一种特殊的公共产品，它与一般的公共产品不同。一般的公共产品，一个人使用并不妨碍其他人使用，如路灯，一个人可以借助路灯行走，并不妨碍另一个人在路灯下行走。但是道路却不同，一条路的某个地点在某个时点被某一辆车使用后，其他车就不能在这一个时点使用这个地方。正是因为道路具有这种特性，所以对于道路的使用、占用、收费的分配就成为影响交通堵塞的重要因素。

例如，一条路分出了三条车道，不同型号的车走不同的车道，如果能够有序通行的话，一般不会出现堵车的情况，但是如果遇到上下班的高峰期，人们赶着上班或者下班，就会占用其他车道，如货车在不得已的情况下就会驶入微型车车道，形成你争我抢、互不相让、见缝就插的局面，这样一来，堵车就不可避免了。

堵车问题实际上是公地悲剧的一个缩影。在某个地方有一块公地，每个人都免费占用，最终公地的最后一点儿资源就会被耗尽。而道路作为一种公共产品，如果每个人都想优先使用，结果就会如同公地悲剧一样。每个人在某个时段都想优先使用这段道路，最终的结果是谁都无法使用。这样一来，道路资源、个人的时间就在这种抢占中被消耗掉了。

解决方案

应该怎样解决北京交通拥堵这一问题呢？首先政府可以对交通资源实行某种程度的限制，如规则限制。如果从经济学的角度来说，还可以采用货币限制。规则的执行必须依法而行，对于那些违法的行为必须严惩，如果没有法律作保障，这种措施是无法发挥它的实际作用的。另外，私家车主应该遵守交通规则，有序通过道路，不要抢占车道，如果每个私家车主都能做到这一点，道路拥堵的情况将会大大改善。

经济学小常识

公共产品是与私人产品相对的一个概念，它具有两个基本特征：

第一，非竞争性，即一部分人对某一种产品的消费并不会对其他人消费这种产品造成影响，一些人从某种产品中收益并不影响其他人从这种产品中收益。收益的对象之间没有竞争性。如前文中所说的路灯的使用。

第二，非排他性，是指某个产品在消费过程中产生的利益不是某一个人或者某一类人专有的，要把一些人排除在这种产品带来的利益之外是不可能的。例如，消除空气污染带来的利益，它能够让所有人都生活在干净的空气之下，让某一部分人不享受干净的空气是不可能的，除非把这部分人关进一间空气污染的密室内，当然这是不合法的。

谁在不断地上广告的当

不得不说，我们现在正生活在一个广告的时代，电视里有广告、网络上有广告、大街上有广告、电梯里有广告，甚至公共厕所里也贴满了各种各样的广告。广告的类别也多种多样，有房产广告、食品广告、药品广告、日常生活用品广告等。消费者在进行购买活动的时候，容易受到广告的影响，选择自己听得多或者见得多的产品。

根据经济学家的调查发现，大部分人在进入超市购物时，首先会寻找自己熟悉的产品（广告里见得最多的）；如果他们熟悉的产品已经售完或者因为某种原因停售了，他们才退而求其次，选择他们不太熟悉但是略有耳闻的产品；如果恰巧这类产品也已经售完，他们才会考虑那些完全不熟悉的产品或选择放弃购买。

为什么消费者总是不断地被广告“欺骗”呢？

经济学分析

从经济学的角度来讲，在获取财富的过程中，营销是非常重要的一个环节，而销售的第一步就是吸引消费者的注意力。有人把商场比作战场，这种说法是有一定道理的。市场经济是一场没有硝烟的利润争夺战，并且随着信息化时代的到来，争夺消费者眼球之战在各商家之间愈演愈烈。网络的普及，更把这场战争推向了极致。早在1996年，英特尔公司前任总裁格鲁夫就曾经预言："整个世界即将展开吸引消费者眼球的战役，谁能吸引更多的注意力，谁就能成为下一个世纪的主宰。"如今无数事实已经充分证明了他的观点。

广告的盛行确实能够吸引更多的人对商品的关注，但是从产品销售的角度上来讲，注意力和购买力之间并不能画等号，吸引消费者的注意力只是产品销售过程中必要的一个环节，还需要其他环节和条件才能实现销售目标。但是只要是合适的产品，而且价格合理，注意力就能直接带来销售额，催生财富。有人把这种争夺注意力越来越重要的经济概括为"注意力经济"。而消费者就是这种"注意力经济"下的"受害者"，在进行交易的时候，就会不知不觉地选择自己印象最深刻的东西。

正因如此，商家才会投入大量的资金来制作广告。这种投资带来的效益是巨大的，不仅提升了销售额，而且随着交易产品知名度的提升，商家会适当地调整商品的价格，以获取更多的利润。这种注意力经济或者称为广告效应，给商家带来了巨大的收益，但对消费者来说却是不公平的。

因为，人们在做出选择的时候，往往会受主观印象的影响。随着广告的入侵，人们会渐渐对某种商品或者服务留下深刻的印象，在购买这些商品或服务的时候，往往趋向于自己印象较深的东西，而很少去关注产品的主要功能。而当实际使用到这种产品的时候，如果发现这种产品并不适合自己，就会形成一种心理反差，感觉自己被欺骗了。例如，某团购网站上推出了一件款式新颖、色泽鲜亮的大衣，网站上的图片非常好看，模特也把这件衣服展示得非常完美。不得不说，这个广告很完美，因此很多人争相购买。但是衣服拿到手之后，很多人发现衣服穿在自己身上的效果并不好，而且衣服的色差很大。此时，消费者心里就会产生一种受骗的感觉。这就是广告给消费者带来的负面影响。

解决方案

消费者应该怎样做才能不上广告的当呢？这就需要消费者能够理性消费，尽量避免主观印象的影响，客观地看待商品。例如，在购买某种商品时，首先应该考虑商品的实际用途，如果产品不适合自己，那么即使该商品是国际知名品牌，也不要购买；在挑选商品时，最好进行比较鉴别，货比三家，不要太迷信品牌，要知道有名的不一定都是最好的，可以适当地听取销售员的意见，但不要被销售员牵着鼻子走。

经济学小常识

注意力经济是新经济的一个独特的贡献，著名的诺贝尔经济学奖获得者赫伯特·西蒙对当今经济的发展趋势进行预测时提出："随着信息的不断发展进步，有价值的不是信息，而是注意力。"他的这一观点被 IT 行业和管理界形象地描述为"注意力经济"。它是随着网络时代的到来而产生的一种独特的经济模式，主要靠吸引消费者的注意力来提高产品的销售额，从而获得利润的提高，实现利益的最大化。

大超市的低价销售可信吗

张女士几个星期前在当地一家知名的连锁超市购买了一瓶标价20元的洗发水，但是当张女士想要再次购买这款洗发水的时候，却发现洗发水的价格竟然上涨了5元。于是她产生了这样的疑问，超市里不是号称“天天平价”吗？为什么不到一个月的时间，洗发水的价格就上涨了5元呢？

其实很多消费者都存在和张女士一样的困惑，同样一件商品，可能一个月前是这个价格，一个月后又是另外一个价格，价格总是不断地浮动，而且基本上是呈上升的趋势。为什么号称“天天平价”的超市，价格却不稳定呢？“天天平价”到底是一个怎样的概念？有的人认为，超市、商场只有都按照最低价、最优惠的价格出售商品才能够称得上“天天平价”，如果价格经常上涨，就不能算平价；而有的人则认为，“天天平价”只是超市、商场的一种促销手段，消费者不应该把这个问题看得太重。究竟谁的看法是对的呢？我们先从经济学的角度来解读一下超市“天天平价”背后的深层含义吧！

经济学分析

自古以来，商家皆谋三分利。以多少钱购入，就以多少钱出售的情况几乎是不存在的，除非是碰到供给大于需求的情况，商家在迫不得已时才会低价出售自己的产品。

其实，超市里所谓的“天天平价”并不是所有的商品都以平价出售，而是只有一部分商品是零收入的或者是赔钱的，而且还轮流打折。例如，今天蔬菜打折，明天水果打折，但是超市中其他商品的价格是保持不变的。

显然，很多人实际上是在打折的诱惑下走进超市的，很多人在拿到超市的打折宣传单之后，发现一些商品比原来的价格低，难免就会被吸引。可是超市里应有尽有，消费者可能只购买打折的商品而不买其他商品吗？而且，去超市要花费一定的时间，既然已经去超市了，总要顺便买些其他商品才“不虚此行”，这就导致了超市火爆销售的场面，比过节还热闹。

很多人都在关心一个问题——超市“天天平价”能赚钱吗？答案是肯定的。虽然超市中商品的平均单价降低了，但是却因此吸引了大量的顾客，使得销售总量大大提升，从而提升了总体利润。

既然这种促销手段非常有效，那么为什么其他小型超市不“跟风”呢？

这是因为“天天低价”必须要以低廉的成本为支撑，而小型超市根本不具备这个实力，不能最大限度地降低成本，它们往往以占据便利的地理位置的优势来出售商品，如小区门口或者小区内部的便利店，学校内部的小超市等。而且大超市还有一些小超市无法比拟的优越性。

第一，大超市与供应商的合作密切，能够第一时间以低价获得货源，一般不会出现商品短缺的现象；而小超市必须自己与供应商联系，在价格上也相对吃亏。

第二，大超市已经形成了一种品牌效应，不需要投注更多的广告费，而节省下来的这一笔广告费可以用来推出价格更加低廉的商品。

第三，大超市的“天天平价”是以产品的丰富性与多样性为前提的，它们的平价商品不断地发生变化。当某一种商品恢复原价的时候，另一种商品便开始平价，这样从总体上来看，它们还是不会亏，而小超市是无法做到这一点的。

解决方案

作为消费者，我们不能受“便宜没好货，好货不便宜”观念的影响，而是要做到具体问题具体分析，学会在众多商品中选择最经济、最实惠的商品，这样才不会轻易错过市场经济给消费者带来的好处。而作为生产者或者经营者，则应该向这些大型超市学习，学习管理、经营理念，努力降低产品的生产成本，提高产品的质量，进而不断地降低产品的价格，给广大消费者提供更多物美价廉的商品，在向消费者让利的同时实现自己利益的最大化。

经济学小常识

薄利多销：是一种低价、低利扩大销售的策略。其中“薄利”是指降价，降价就能实现“多销”，而“多销”就能促进总收益的增加。

“薄利多销”的条件主要有以下几个方面：

第一，产品具有生命力，但是销售进入低谷，可以采用薄利多销的手段，刺激顾客的购买欲望。

第二，产品已经淡出市场，不会“起死回生”，可以以多销微利为原则，让企业的损失降到最低。

第三，市场上的同类产品竞争激烈，可以采用薄利多销的手段以争夺顾客，促进销售额的提高，增加利润。

第四，新产品的试用阶段，可以采取薄利多销的手段扩大影响。

时尚、潮流，追还是不追

小敏是高收入的、追逐时尚的女孩，她的好朋友小丽却是普通的工薪阶层。小敏经常邀请小丽一起逛街，小丽知道两人不在同一消费水平上，所以每次都拒绝小敏的邀请。一次，小敏再一次邀请小丽一起逛街，小丽不好拒绝，只好答应了。本来已经做好心理准备的小丽，在看到小敏购买高价化妆品、服装、包包时，自己心里还是有些触动，感觉自己过得实在太不如人了。小丽心想：两人是好朋友，一起走在路上，一个背着几千元的时尚包包，一个背着几十元的地摊货；一个穿着时髦，引领时代潮流，一个打扮得像土包子……越想越觉得自己寒酸，于是在小敏的劝说下，小丽也买了一套几千元的衣服，花了自己一个月的工资。但是一买完小丽就后悔了，自己已经结婚了，每个月还要和丈夫一起还房贷，一下就花掉了一个月的工资，下个月的房贷怎么办?

看完这个事例，我们来思考一个问题——时尚、潮流，我们是追还是不追？其实只要我们用经济学的原理分析一下，就知道应该怎么选择了。

经济学分析

时尚、潮流，是追还是不追，要根据个人的收入水平来做选择，但是现在很多人往往首先考虑的不是自己的收入问题，而是怎样才能让自己更有面子、更有地位。如果深入生活仔细观察就会发现，一个消费者在处理自己的收入和消费之间的关系时，总是习惯性地与其他消费者比较。

例如，同学结婚，邀请了全班所有同学参加婚礼，对于所有参加婚礼的同学而言，结婚的礼金就是一笔消费支出。很多人在支付礼金的时候，不顾及自己的收入高低，而是先询问别人给多少，然后再衡量自己，看看自己应该跟哪些人给的礼金一样多才算合适。即使他的收入高，他也不会多给，怕别人说他爱出风头；即使他的收入低，他也不会少给，而是“打肿脸充胖子”，因为怕别人说他小气。这里所表现出的就是消费的示范效应。

在市场经济的背景下，尤其是在商品供应十分丰富的情况下，消费的示范效应作用越来越明显，对于市场供求关系的影响也在逐渐增强。比如，有的人看见模特穿的某件衣服非常漂亮，自己也会买一件；看见同事买了名牌包包，自己也争取买一个；看见朋友买了一辆跑车，即使贷款也要买一辆……

在这个物质越来越充裕的社会，示范效应正在潜移默化地影响着人们的消费习惯，改变着人们的消费水平。

当看到身边的人，尤其是同一层次的人拥有某件时尚、潮流、价格昂贵的物品时，尽管自己的收入有限，也可能会效仿他人，购买这种产品，力求不落于人后，从而增加了自己的消费支出。这就是人们普遍存在的攀比心理，而这种心理往往会被商家利用，成为商家赚钱的工具。

因此，一些商家不惜花重金聘请明星代言某种产品，使示范效应发挥作用，来为自己谋取利润。

解决方案

消费者在消费时，首先还是应该考虑自己的收入情况，不要盲目地追随潮流，追求时尚，购买高价商品，力求和别人保持一致。例如，假如一个人的工资水平最多只能购买几百块钱一件的衣服，就不要去购买几千块钱一件的衣服。要知道，“衣”只是生活的一部分，因此“衣”的支出也只能占所有生活支出的一部分，因为你还需要承担“食”“住”“行”的支出。

另外，在消费的时候，消费者还应该清楚一点，只有适合自己的才是最好的。有的东西即使再好、再时尚，如果不适合自己也是一种浪费。在消费的过程中，一定要做到理性消费，坚持自我，远离“示范效应”的影响。

经济学小常识

示范效应：是指消费者的消费行为会受到周围人群的消费水准的影响。如果一个人的收入增加了，周围人的收入也增加了，那么他的消费水平是不会发生变化的。而如果周围人的收入和消费水平都增加了，他的收入并没有增加，但是顾及自己在周围圈子中的地位，他也会提高自己的消费水平，力求与周围的人保持一致。这种心理会使短期的消费函数随着社会平均收入的提高而整体往上移动。

为什么你没有卖家精明

不知道在购物时你有没有这种感觉：商家的服务质量越来越好，一走进店门，服务员就会微笑着走到你的面前："您好，欢迎光临！请问您有什么需要吗？"如果你有意向购买某件产品，他们就会不厌其烦地向你介绍，此时真有点儿被当成"上帝"的感觉。于是，你在享受这种服务的同时，就会不自觉地购买他们的产品。

不过，当付完钱回家时，却发现自己购买的产品并没有商家推销得那么好。你以为购买到了称心如意的产品，到头来却有一种上当受骗的感觉。

艾玛准备从超市里购买一台洗衣机，离开家之前已经决定了自己将要购买的洗衣机的型号和品牌。

但是，当艾玛走进一家商店后，却让一个满脸微笑的服务员说服了，购买了另一种型号、另一个品牌的洗衣机。

刚开始艾玛对此次购物非常满意。等到送货员把洗衣机送到艾玛家后，看着如此庞大的洗衣机，独居的艾玛开始后悔了，觉得根本不适合自己。而且这款洗衣机一点儿也不好用，艾玛想过要退货，但是考虑到运费问题，最终还是放弃了这一想法。

看了艾玛的事例，我们来讨论一个问题，面对对产品了如指掌的精明的商家，我们应该怎么做？

经济学分析

可以说，自从市场出现以来，假冒伪劣产品就一直存在，消费者难免会受其害。随着经济的迅速发展，市场上商品的种类增多，商品的成分变得复杂，包装变得更为精致，供货渠道也越来越广……这就为一些假冒伪劣产品的入侵提供了机遇，而消费者想要看清商品的真假优劣就变得越来越难。更有甚者，如果一些商家想要故意隐瞒商品的缺陷，或者故意夸大商品的功能，消费者就更难了解到商品的真实信息了。

在生活中，确实存在很多商品，消费者用肉眼是无法辨别出好坏的。例如，超市里用保鲜膜裹好的东西，需要闻一下气味加以检验才知道有没有变质。还有一些产品在购买时无法进行检验，如易拉罐装的饮料，消费者根本无法看到商品内部的样子。还有商品的进货渠道、商品的产地、商品的原材料等，这些信息只有商家知道。

可见，在商品交易的过程中，卖家和买家知道的信息是不一样的，卖家对产品实际质量情况更为了解。这种情况被经济学家称为“信息不对称”。这使得消费者在交易过程中处于非常不利的地位。

看过《天真遇到现实》这部电视剧的人，可能都有印象，杨天真的女儿虫虫想吃大闸蟹。郑现实在下班回家的路上遇到了一个卖螃蟹的小贩，对方声称自己的螃蟹是阳澄湖蟹，开价很高。不过，深知这种潜在规则的郑现实，最后并没有以高价购买小贩的螃蟹。但是，如果遇到“不识货”的家庭主妇呢？很可能就会以高价购买。这就是一种信息的不对称，卖螃蟹的小贩隐瞒了产品真实的产地信息，造成了双方在交易时信息的不对称。

由于信息不对称，再加上价格因素，人们很容易选择假冒的、价格低廉的阳澄湖蟹，而不会购买真正的、价格很高的阳澄湖蟹。这样一来，造成了真正的阳澄湖蟹在市场上遭受冷遇，而假冒的阳澄湖蟹占据了很大的市场，这种现象在经济学上被称为“逆向选择”。

那么，作为消费者的我们应该怎样应对这些精明的商家呢?

解决方案

现在有些商家已经意识到了诚信在交易过程中的重要性，因此，越来越多的商家会把产品的真实信息展示给顾客，以消除信息不对称给顾客造成的疑虑，增强顾客的购买信心，如在出售一些食物时让消费者试吃。

作为消费者的我们，在购物时，不要听信商家的一面之词，要多了解一些相关产品的信息。对自己不太熟悉的商品，购买之前可以先咨询自己熟悉的朋友，让他们介绍一些信得过的卖家。还可以选择去大商场购物，选择一些信誉度较高的品牌。

经济学小常识

信息不对称：是指在交易过程中双方拥有的资料不同。一般情况下，卖家知道的信息更多，但也有特殊情况，买家掌握的信息较多。前者的例子可见于二手东西的转卖上，卖家比买家更了解自己的东西。后者的例子如医疗保险，此时买家掌握的信息较多。

逆向选择：是指交易双方由于信息不对称和市场价格下降导致的劣质产品驱逐优质产品，从而使整个交易市场交易的产品平均质量下降。

吉祥号码买还是不买

有一个收藏爱好者在两年之内收藏了20多个尾数为“7”“8”“6”的吉祥号码，其中尾数为5个“8”或者“6”的号码有五六个，而其中最便宜的号码都超过10万元。吉祥号码的产生是由于人们会受到传统观念和个人喜好的影响，从而对某个数字或者某组数字产生崇拜。在很多人看来，这些数字会给自己带来好运，因而吉祥号码备受一些人的青睐，甚至达到了崇拜的程度。正是出于对吉祥号码的崇拜，吉祥号码拍卖在我国非常普遍。例如，因为“8”和“发”谐音，“6”和“顺”谐音，所以许多地方的人都认为“8”和“6”能够给人带来好运，与“8”和“6”相关的数字总能卖个好价钱。相反，因为“4”的谐音是“死”，而“13”在西方文化中代表背叛和出卖，因此许多人对4和13非常厌恶，而商家对于与这些数字相关的号码往往是免费赠送的，有些楼盘甚至将13层更名为“12A”，以迎合一些业主的喜好。又或者，某些数字对于某些人来说具有纪念意义，因此也可以卖个好价钱。例如，由年月日构成的QQ号码，因为是某些人的生日，所以这些生日靓号也非常好卖。

生活中有很多类似的事情：一个全为9的5位QQ号价格高达20万元，一个最后7位都是“8”的手机号的价格高达22万元，门牌号带6和8的房屋价格要比其他房屋的高……只是一些虚而不实的数字为什么就能卖这么多钱？我们要不要购买吉祥号呢？

经济学分析

人们之所以对吉祥号码有需求，是因为人们觉得它吉祥，从经济学的角度来看，这属于一种精神消费。由于人们对吉祥号码有精神消费需求，使得吉祥号码具有了市场价值，而这更促使它成了收藏爱好者的宝贝，吉祥号码的精神消费得到了进一步的发展。

人们的精神消费需求使得吉祥号码有了市场价值，那么又是什么使得这些吉祥号码的价格远远高出它们本身的价值，卖出了天价呢？其实这种看似不正常的现象，从经济学的角度来说，是市场规律的正常表现。

经济学上有这样一句话："有用的水，不值钱；无用的钻，天上价。"跟吉祥号码的天价是一样的道理，是市场上的供求关系决定了其价格。一般来说水资源取之不尽，到处都是，供给无限，而需求量一定，所以水就不值钱了；而钻石稀有，供给量少，而需求量大，所以就值钱。相反，在沙漠中由于水资源非常稀有，而人的需求大，水就变得值钱了。

同样地，每一个吉祥号码都是唯一的，但是对吉祥号码具有精神消费需求的人却很多，因此吉祥号码便被炒成了天价。

当然，吉祥号码之所以能够卖出天价，还有一个重要原因便是人们对稀缺资源的偏爱。

但是，人们对吉祥号码这样的稀缺资源偏爱过度，对整个经济来说却未必是有利的，这很容易引发"劣币驱逐良币"现象，进而给经济带来不利影响。

历史上很长一段时期内，人们在买卖中使用的货币并不是纸币，而是金属铸造的铸币。这种铸币虽然携带不方便，但是却是一种财富的象征，而且铸币本身也具有价值，其价值就是其所采用的金属的价值，这个价值是由金属的重量和成色决定的。但是，在铸造的时候，并不能保证每一个货币都有一样的成色和重量，再加上铸币在流通的过程中会有一定的磨损，这样一来，虽然是同样面值的货币，但是其实际价值是有差别的。面对这两种货币，无疑良币能够给人带来更大的精神满足，就像偏爱吉祥号码一样，人们更加倾向于持有良币。人人都想把良币留在自己手里，久而久之，市场上流通的就都是“差”的铸币了。这样在市场上就出现了劣币驱逐良币的现象。

“劣币驱逐良币”是经济学中一个古老的原理。由于金属本身的市场价值是变动的，再加上两者兑换比率相对保持不变，便产生了“劣币驱逐良币”的现象，使得铸币的复本位制无法实现，从而大大影响了经济的发展。

解决方案

在现实生活中，人们对吉祥号码的偏爱、非理性的精神消费也会导致市场上劣质产品驱逐优质产品的情况出现，使市场处于劣质产品泛滥的非正常状态中，从而给经济的发展带来不利影响。更重要的是，购买这些所谓的吉祥号码，并不能带来人们期盼的吉祥，相反还会增加额外的支出。因此，即使在精神消费的时候也请保持适度理性。最好不要花大笔钱去购买吉祥号码，这是一种很愚蠢的行为。

经济学小常识

资源的稀缺性：是相对于人类的无限需求而言的一个概念。人的需求具有无限增长和扩大的趋势，为了满足人们的这种需求，就需要更多的劳务和物品，从而需要更多的资源。然而，在一定的时间和空间内，资源的总量是有限的，相对不足的资源与人类绝对增长的需求相比，就造成了资源的稀缺性。

公交车能改变出行难的现状吗

小凡是某市知名大学的一名学生，该学校的校址在郊区。小凡周末的时候在市区做家教。

每到周末，小凡就为乘车发愁。从学校去往市区的公交车只有两条线路，每半个小时发一次车（这个频率应该算比较高的）。

小凡所在的学校约有 3 万名学生，如果周末的人出行，那么就有 3000 人要乘车。而每辆公交车最多能挤下 50 人，那么至少需要发出 60 辆车。

但是一天之内根本不可能会发出那么多辆车。所以，小凡在周末能够到达市区的概率其实是很低的。

每次公交车来了，大家都蜂拥而上，那些个子高的人往往能占据一定的优势，而像小凡这样柔弱的女生只能靠边站。出行难成为小凡最头疼的问题。

像小凡这样的事例并不是特例，在很多地方都会出现这个问题，例如，大城市里早晚上下班高峰期，人流量特别大，很多人都面临着出行难或回家难的问题。

出行难的问题究竟应该如何解决？仅仅凭借公交车就能改变出行难的

现状吗？

经济学分析

据专家分析，公交车在解决市民出行的问题上，显得有些供给不足，很多时候都会出现供不应求的局面。据不完全统计，目前我国公交车出行的分担率还不到 10%。在特大城市，也大约只有 20%。而欧洲国家公交车出行的分担率达到了 40% ~ 60%，这样看来，我们的公交车出行率仅占欧洲国家的 1/3 或 1/2。公交车的平均车速大约 10 千米每小时，甚至比自行车的速度还要低，自行车的车速都能达到 12 千米每小时。这样算来，公交车存在的价值就不大了。

为了改善这个问题，政府已经采取了相关的手段进行调控。例如，在高峰时段，缩短公交车的发车时间，增开多辆公交车来满足乘客的需求。不过，出行难的问题似乎并没有得到太大的改善，还是有很多人因为不能准点乘车而导致上下班迟到。另外，“黑车”市场依然十分火爆，但是如果选择“黑车”出行，乘车的成本就会增加，对一部分人而言，这种成本是他们支付不起的。

那么，出行难的问题究竟应该怎样解决呢？

解决方案

有人研究了“黑车”市场，发现如果几个人一起“拼车”的话，平均下来，每个人也只要支付几块钱而已。因此，有人提议，在不影响公交车正常运行的前提下，能否把社会车辆组织起来，给人们出行提供方便。这样既给了“黑车”一个合法的地位，又能增加政府的税收；既让这个原本扰乱市场的行为变得规范，还解决了小区内不适合开通公交、噪声扰民等一系列现实问题。这项措施对解决出行难的问题未尝不是一种好办法。现在一系列网约车平台的兴起和成长，就是变“黑车”为合法运营的成功尝试。

另外，还可以开通公交车专用车道，禁止其他车辆闯入。我国的许多大城市内已经有一些公交车专用车道，在早晚高峰期间不允许其他车辆占用。对于大城市来说，道路资源本来就很紧张，一辆公交车的载客量相当于几十辆轿车，它的道路资源利用率非常高。因此，为了提高全体公民的出行概率，还是应该提倡公民乘坐公交车上下班。如果所有人都只为自己的利益着想，开车上班，就会影响整体出行。

值得一提的是，有的国家在高峰期内收取交通堵塞费，大大减少了交通堵塞时期的车辆。

还有人提议，城市内的公交车不能全部都让政府包揽，公共交通也可以由私人来经营，虽然他们的收费价格会相对较高，但是在服务、舒适度方面相对于公交车而言会有所提升。让私人经营的公交车来参与竞争，既方便了市民，又会给公交系统增加一定的压力，督促他们改善服务质量，更好地方便人们出行。

经济学小常识

竞争机制：是商品经济活动中优胜劣汰的手段和方法。它反映的是竞争和供求关系、价格变动、资金以及劳动力流动等方面的有机联系。这种竞争包括买方之间的竞争，也包括卖方之间的竞争。

竞争机制的作用主要有以下三个方面：

第一，把商品的个别价值转化为社会价值，从而使价值规律的作用得以实现。

第二，能够促进生产者改进生产技术，改善经营管理模式，提高劳动生产率。

第三，能够根据市场的需求来组织和安排生产，让生产与需求达到平衡。

面对“马路杀手”，该不该买交通意外保险

乍一看“马路杀手”这个词，可能很多人以为这是说拍电影，因为“杀手”这个词出现频率最高的就是在电影里，杀手们冷酷的面容、残忍的杀人手段，想想就让人毛骨悚然。

虽然这不是在拍电影，但是“马路杀手”和电影里的杀手一样残忍，只不过他们不会有目的地杀人，而是往往在不经意间置人于死地。他们“谋杀”的对象可能是出行的每一个人。所以这种杀手比任何杀手都要可怕。

那么，究竟什么是“马路杀手”呢?

相信很多人都有所耳闻。“马路杀手”指的是没有掌握驾驶技能便开车上路，危及他人安全的一类人。其中固然有很多无证驾驶的人，但是更多的往往是那些没有熟练掌握开车技巧的有证驾驶者；又或者开车技巧不错但追求“风速”的任性驾驶者。

面对这些“隐形的杀手”，我们毫无办法，不知道他们什么时候会危及我们的生命安全，然而即使在这种情况下，人们的保险意识仍然很淡薄。只有一少部分人在出行时愿意为自己和家人购买一份交通意外保险，大多

数人宁愿冒险。

现在我们就从经济学的角度来分析一下，交通意外保险究竟应不应该买？

经济学分析

在分析这个问题之前，我们先来看一组数据。据统计，在2012年，我国共发生涉及人员伤亡的交通事故约4.6万起，造成约1.1万人死亡，约5万人受伤，也就是说平均每天约有30人死亡，136人受伤。其中驾龄不满一年的驾驶人造成的交通事故所占的比例明显居高。

为什么新手造成的交通事故比例居高呢？有以下几个方面的原因：

第一，随着市场经济的迅速发展，驾校像雨后春笋般冒了出来，随着驾校数量的剧增，其教练质量难免会出现良莠不齐的状况。

第二，负责司机结业考试的单位把关不严。

第三，学车的人渐渐多起来，这些人在知识、文化、道德、素质、法律观念等各方面都存在差异。

其实归结起来，导致这一类人成为“马路杀手”的根本原因是经济发展的速度与人们的道德素质水平提高的速度之间存在差异。经济快速发展后，很多人都具备了买车的经济实力，但是其中一部分人的道德素质仍然有待提高，这一类人缺乏社会责任感，他们在学习开车时极不认真，蒙混过关，勉强拿到驾照后又立即上路。没有熟练的开车技能便大胆上路，其实是一种极不负责的行为。他们根本不具备处理紧急问题的能力，一旦在路上遇到突发状况，往往手足无措，最终酿成车祸。

当然，这些新手并不是唯一的“马路杀手”，还有一部分改装车的车主也往往扮演着这一角色。另外，长期睡眠不足的驾驶者和酒后驾驶者同样在扮演“马路杀手”的角色。

综上可知，我们的出行面临着巨大的风险。面对“马路杀手”的威胁，出行时购买保险已经成为人们的一种必要选择。购买交通意外保险并不是要保证乘客的安全，而是让乘客在遭遇“马路杀手”袭击的时候，能够及时地得到一定的补偿。例如，受伤住院时，保险公司能够承担部分医疗费用，以减轻个人或者司机的压力（如果遇到重大的交通事故，司机不可能一个人赔偿所有乘客的损失，即使愿意赔偿，也不可能一下子就拿出这么多钱）。

其实购买保险是十分划算的，出行的人只需要支付少量的保险费，在遇到事故时，就能获得一大笔补偿。如果从成本和收益的角度来分析，出行的人其实并不吃亏。当然这里并不是说，出行就一定会遇到事故，这只是一种以防万一的举措。花少量的成本，为自己买一份安心，何乐而不为呢?

解决方案

在“马路杀手”层出不穷的时代，出行时，还是应该购买一份交通意外保险，不该省的一定不能省。相信聪明的你一定能明白这一点。毕竟“人有旦夕祸福”，虽然大家都希望自己出行平平安安，一路顺利，但是只要在路上，遭遇“马路杀手”的风险还是有的。因此，为了自己和家人的安全，请不要节省这一小笔保险费。

经济学小常识

交通意外保险：它是以被保险人的身体作为保险标的，以被保险人作为一名乘客在乘坐客运大众交通工具时，遭受意外事故导致的身亡、残疾、医疗费用支出等为给付保险金条件的一种保险。客运大众交通工具包括飞机、火车、轮船、地铁、汽车等。

第 3 篇

休闲篇

休闲会带来哪些成本和收益

随着经济自由度指数的缩小，“休闲”一词从20世纪90年代开始在我国流行，休闲度假、休闲购物、休闲聚餐、休闲旅游、休闲文艺等休闲活动不断地升温。休闲不仅能满足人们回归体力的需求，也能满足人的一种更高层面，如精神、心理、文化等方面的需求。如今，已经有越来越多的人认识到休闲的重要性了。

在一家外贸公司工作的琳达就曾经在自己的微博上写了一篇文章，目的就是向人们讲述休闲的重要性。琳达大学毕业后进入这家外贸公司工作，为了升职加薪，她每天加班加点地工作，周末也常常加班，因此，休闲的时间非常少。这就引发了一系列的问题，例如，长时间地工作使得和朋友疏于联系，她的身边几乎没有什么朋友；身体长时间处于超负荷的状态，造成了一些职业病；长时间生活在公司的小世界中，很少关注外界的动态，在公司聚会时，与同事之间找不到共同话题等。发现这些问题后，琳达改变了以往的工作态度，充分利用起了自己的休闲时间。这种改变让她收获丰富，与朋友的关系改善了，身体状况也逐渐好转，与同事之间也不再缺乏共同话题了。

其实很多人都容易犯和琳达类似的错误——忙于工作忘了休闲。实际上这是一种错误的认知。休闲对每个人来说都是十分重要的。当然休闲并不是“免费”的，需要你支付一定的成本，但是少量的成本带来的收益却是可观的。下面，我们就从经济学的角度分析一下，休闲会带来哪些成本和收益吧！

经济学分析

休闲属于一种消费行为，同时也是一种自我发展和提高的行为，属于较高层次的需求。因此，在计算成本和收益时，不能仅仅从金钱的角度出发，而要放到一个更高层次上来认识。

休闲的成本主要包括两个方面：直接成本和间接成本。直接成本就是直接的金钱支出和在休闲过程中所付出的辛苦、劳累。例如旅游，不论是在国内还是国外，都需要支出一笔不小的费用，如交通费、住宿费、旅游景点的门票费等；旅游的过程中还要付出辛劳，包括坐车、飞机、船的过程中身心的劳累，以及在旅游景点游玩的劳累。旅游的间接成本，主要是指旅游的机会成本，把休闲的时间花在旅游上，就不能花在娱乐上，不能花在自我提升上等。旅游的间接成本还包括旅游的风险，外出旅游就可能存在一定的风险，如乘坐交通工具的风险、在旅游景点游玩的风险。而旅游的收益，主要是精神方面的收益。旅游让个人体验到了不同地方的生活情调，能够看到美丽的风景，从而让自己身心愉悦，调试自己在工作中遇到的烦恼，暂时丢掉工作的压力，获得身心上的放松。在异国他乡游玩，给人带来了一种全新的生活体验，能够让人得到满足感，因为在旅游的过程中还能够增长知识、开阔视野，使个人得到自我提高。

而娱乐的成本包括直接成本和机会成本。娱乐的直接成本也是金钱支出，如去舞厅、歌厅、酒吧等，这些都属于一种高消费行为，不为一般工薪阶层所接纳。因此，一些人选择在家里或者和朋友一起娱乐，这样支出的费用很少，又能获得身心的愉悦，成本较低但收益却很大。娱乐的机会成本就是在娱乐的同时不能进行其他活动。适度的娱乐，机会成本比较小，因为投入的时间不多，但是如果沉溺于娱乐，机会成本就比较大了。

不同的休闲活动需要支出的成本是不同的，当然带来的效益也有所差别。但是总体效益却很接近，就是让人获得精神上的满足，从而实现自我提升。

解决方案

休闲对生活至关重要，尤其是在这个竞争激烈、压力很大的社会中，适当地放松自己是非常必要的。所以，不论你现在处于怎样的生活状态，每年去旅游一次吧，让自己远离工作的烦恼，抛开所有的束缚，做个自由自在的旅人。每隔一段时间，去参加适当的娱乐活动吧，偶尔打破生活的节奏，不要按部就班地生活，把自己变成一个“小老头”或者“小老太”；每个星期去做适量的运动吧，不要再做“宅男”“宅女”了，保护好你的身体，对你的将来一定大有裨益。

经济学小常识

经济自由度指数：它是反映一个国家经济是否宽松，市场化程度高低的重要标志。它的数值越大，经济自由度越高。

收益：20 世纪初，美国著名经济学家欧文·费雪从收益的形式上分析了收益的概念，提出了三种不同形式的收益（这种分析相对而言较为全面）：

第一，精神收益——指精神上获得的满足，例如，阅读一本好书带来的满足感，可以称为精神上的收益。

第二，实际收益——物质财富的增加，例如，出售一双皮鞋得到的资金，减去制作皮鞋的成本，所得到的资金就是实际收益。

第三，货币收益——增加资产的货币价值。

因为精神上的收益主观性太强无法计算，货币收益容易计算，所以经济学家侧重于研究实际收益。

如何让你的假期发挥最大的效用

盼望已久的假期，很多时候过起来并不那么美妙。这真让人沮丧！李女士就曾遇到过这样的事。

李女士在一家外企工作，工作压力非常大，好不容易盼来了国庆七天假，她决定带着家人去杭州旅游。但是，这次旅游并没有让她得到期望中的快乐。

李女士和丈夫选择了自驾游，两人于10月1日从北京出发，由于高速公路不收费，路上的车辆非常多，交通十分拥挤。在路上堵了两个小时后，两人已经完全没有出游的兴致了，开始后悔自己的选择，但是此时已经进退两难了，无奈之下，两人还是选择继续前行。

第二天凌晨3点多的时候，终于到达了目的地，两人想找旅馆住下，但是几乎所有的旅馆都爆满，连续找了十多家之后，终于在一家小旅馆住下了。休息好了之后，两人决定去西湖转转，但是到了西湖之后才发现，西湖边上人山人海，李女士已经完全没有心情游玩了。最后勉强拍了几张照片就离开了。

有了这次不太愉快的旅游经历后，李女士再也不想在节假日出游了。

相信很多人都有和李女士类似的经历。由此可见，选择在节假日出游似乎并不是一种好的休闲方式。那么，我们应该怎样利用我们的假期，这样才能让假期发挥最大的效用呢？我们不妨用经济学的原理来分析这个问题。

经济学分析

目前，随着我国假期天数的增多，“休闲”逐渐取代“旅游”，成为人们首选的度假方式。因为毕竟“旅游”是需要走出去的，那么必然会涉及交通、住宿等一系列问题。而休闲则不同，休闲可以在家里、社区内、郊区进行，随时随地，相对方便、实在。“休闲经济”已经慢慢到来了。当然“休闲”和“旅游”也是互为补充、互相促进的。但是“休闲”替代“旅游”已经成为大势所趋。

那么，如何让“休闲”带来最大的效用呢？

从经济学的角度上讲，资源配置得好，就能得到最有效的利用，以最小的成本获取最大的收益或者满意度。没有物质作为基础，个人谈不上幸福、快乐。但是如果过度地利用资源，也会造成资源的边际效用降低，利用率降低。经过了连续几个月的工作，个人的边际生产率会逐渐降低，这时，就需要适度的休闲来调节了。而不同的休闲资源也要进行合理的配置，要充分利用假期的时间资源，这样才能让每一种休闲的形式都能带来舒适的感觉和全新的体验。

那么，如何规划自己的假期资源呢？

解决方案

以出行为例，在假期，人们完全可以选择去郊区或者更远一点儿的小城镇、农村，看看田园风光，欣赏最自然的美景，体验一下吃农家饭的感觉。

对生活在城市里的人来说，欣赏这些最自然的风景也能使心情愉悦。在田园生活中，彻底放松自己的心情，能够让自己在休闲之后，以更好的精神状态投入工作。

除此之外，还可以将自己的假期安排得更多样化一些，例如，花几天时间去图书馆给自己充充电，享受一下文化娱乐的喜悦，提高自己的文化修养；或者选择去电影院看一部电影，放松自己的心情；还可以约两三个好友去郊游，既能让自己得到放松，又能更好地联络彼此间的感情。

总之，要根据自己的实际情况，合理规划自己的假期，充分利用有限的时间资源，这样才能让自己的假期发挥最大的效用。

经济学小常识

休闲经济：是一种以人的休闲消费、休闲心理、休闲行为、休闲需求作为考察对象，以满足人的个性、多样性、多元性的发展为目的，以在“生产系统”与“生活世界”之间充当媒介作为途径，研究人类的休闲行为与经济现象之间互动规律的一门人文社会科学。

休闲经济的出现是社会发展的一种新领域，是经济学发展的历史必然。休闲经济必须建筑在一个高度发达的社会上——普遍“有钱”和“有闲”是它发展的物质基础，它需要向“以人为本”的方向回归。

为什么办了年卡就很少去健身房了

健身房为了吸引顾客，推出了很多优惠活动，其中就包括月卡、年卡或者会员活动，只要一次性支付一定量的资金，就能长期免费参加健身活动。消费者很容易被这一类活动吸引，因为不论是月卡还是年卡，平均下来都比一次性付费要少很多。但是，一个新的问题出现了——很多消费者在办理了月卡或者年卡之后，去健身房的次数反而越来越少了。下面事例中的珍妮就是其中之一。

珍妮长期在办公室工作，身体一直处于亚健康状态，为了锻炼身体，增强体质，珍妮的新年计划就是去健身房健身。因此，她毫不犹豫地在一家健身房办了年卡。但是自从办理了年卡后，她去健身房的次数却越来越少了。

为什么在办理了年卡之后，反而没有健身的动力了呢？这种年卡究竟划不划算呢？

经济学分析

在没有办理年卡的情况下，人们有两种选择，一种是去健身房锻炼，另一种是不去健身房锻炼。当你选择前者的时候，你需要支付一笔健身费；但是，当你选择后者的时候，你不需要支付任何费用。在你办理了年卡之后，你同样有双重选择，但是，不论你做出什么选择，你都要支付健身费，因为这笔费用是自动从你的年卡里面扣除的，如果你不去，就等于在浪费成本。不过，这种浪费你几乎感觉不到，也不会心疼，所以去健身房的次数会越来越少。到了年末的时候才发现，办了年卡真是一种浪费，又白送给健身房一笔钱。

实际上，健身房的盈利模式，从一开始就是指望那些80%从来都不会去健身的会员贡献收入的，对于剩下的那20%每天去健身房报到的家伙，才是健身房最不欢迎的顾客。更糟糕的是，你在使用服务之前已经支付了真金白银，然后健身房的那些家伙们会暗示你，你的浪费完全是因为你“缺乏自我意志力”。其实，你需要的是在去健身房之前学习一些经济学理论，如记住大杯咖啡的原理。

对于店家来说，制作大杯咖啡和制作小杯咖啡的成本几乎是没有差别的，于是价格越昂贵，其实利润越高。那么对于消费者而言，是不是购买大杯咖啡的效用更高呢？其实不然，如果你的胃只能装下小杯咖啡的量，那么购买大杯咖啡多出来的量对你来说就是一种浪费。

健身房的各种会员卡，其实就是大杯咖啡和小杯咖啡的区别。究竟购买哪一种卡更划算，获得的效用更高，还是要根据自己的“胃”来决定。

现在很多健身房都会推出三种类型的卡，一种是针对那些不经常健身的顾客，例如，一张卡可以消费20次，没有时间期限，只要在该健身房还“健在”的时候去健身20次就可以；另外一种是月卡，只要你不主动取消，它就会持续有效，这一类卡主要适合那些经常光顾健身房的顾客；还有一种是年卡，如果你没有在约定的期限（1 年）内续卡，这种卡就会自动失效。

不同的卡适合不同的人群，但是人们总是选错类别。有些人总是错误地认为自己办了月卡或者年卡之后，去健身房的频率就会提高，而实际上，在办理月卡或者年卡后，他们都不怎么去健身房，更糟糕的是，有些人甚至不去取消会员资格，这一类人实际上就是只有小杯咖啡的“胃”，却非要选择大杯咖啡的量。

解决方案

为了提高消费的效用，避免这种不必要的损失，就一定要选择一张适合自己的卡。如果你不经常去健身房，最好不要办年卡或者月卡，而要办一张不限时的按次付费的卡，这样既能丰富自己的休闲生活，达到健身的目的，又不会给自己带来损失。忘掉那些对你的身体来说很多余的咖啡吧，你只需要一小杯咖啡的量，就支付一小杯咖啡的钱，不要把你的钱白白送给健身房。

如果你已经办了年卡，就要督促自己去健身房，一方面可以让你的休闲时间变得更加充实而有意义，另一方面也能避免不必要的损失，而且还能真正享受到年卡带来的优惠。

经济学小常识

效用：是经济学最常用的概念之一，一般来说，效用是指消费者通过消费或者享受闲暇等让自己的某种需求或者某种欲望得到满足的一个度量。经济学家喜欢用效用来解释理性的消费者如何把自身有效的资源分配在能给他们带来最大满足感的商品上。

自助餐怎么吃最划算

大家应该都有过吃自助餐的经历，自助餐就是先支付固定的费用，然后吃多少都不会有限制，一直到吃不下为止。正因如此，很多人在吃自助餐的时候，总是拼命地把所有的美食都往肚子里塞。说“拼命”其实一点儿也不夸张，因为很多人在支付了费用后，总想一次性吃够本，于是胡吃海塞一通，结果因为暴饮暴食导致身体上出了一系列问题。

纽曼先生头一次听说自助餐的时候便想去尝试，后来终于在时间、金钱都允许的情况下吃到了“传说”中的自助餐。那天纽曼先生是饿着肚子去的，走进餐厅付完钱之后，他便挑选了一大盘自己喜欢的食物开始享用，一边吃还一边计算成本，看看自己有没有吃够本，当觉得自己没有吃够本之后，又挑选了一大盘食物，结果被服务员告知：浪费食物，必须承担一定的罚款。无奈之下，纽曼先生只好勉强吃完了所有的食物，又喝了一大杯果汁，最后扶着墙走出了自助餐厅。

生活中，并不缺乏像纽曼先生这样的例子，有网友调侃说：“吃自助餐的最高境界就是扶着墙进去，扶着墙出来。”但是这样做真的划算吗？其实，这并不是一种理智的做法，假设纽曼先生确实吃回了自己的资金成本（实际上并没有），但是同时也损失了身体上的成本（不舒服、疼痛等），所以，从整体上看，纽曼先生还是损失了。那么，我们来思考一下，怎样吃自助餐最划算呢？看看从经济学的角度应该怎么分析。

经济学分析

从经济学的角度上看，自助餐的成本是一定的，但是获得的收益，从理论上来讲确实可以不断地增加。通俗地讲，只要吃得多就能够获得更多的收益，同时平均成本也最低。但是自助餐的要求是必须本人吃掉，一个人的食量是一定的，一旦超过这个食量，带来的成本收益就会下降。例如，如果一个人的食量是一个面包的话，那么吃第二个面包的收益就会下降，吃第三个面包的收益会在吃第二个面包的基础上再一次下降……总之，吃得越多，获得的收益越少，同时，身体上的成本却在不断地增加。一旦胃里的食物超过一定的量，胃就会感觉难受，这就是身体上的投资。

其实，踏进自助餐厅后付出的成本已经成为一种沉没成本，对于后续的决策并不会产生什么影响。也就是说，无论你是多吃还是少吃，这一部分成本都是无法收回的。不仅如此，多吃还会付出身体上的成本。而且，商家在创立自助餐厅的时候，必然会以自身的利润为前提制定自助餐的价格，他们不可能倒贴资金经营，因此，不论你怎么吃，都无法让商家一分钱不赚，白送给你一顿免费的大餐。

那么，消费者在吃自助餐的时候，应该如何吃才最划算呢？

解决方案

在吃自助餐时，存在一个最优选择的问题。最优的决策取决于自己的口味（如果你正在减肥，就喝矿泉水、吃蔬菜吧！不过，相信没有谁会在减肥的过程中去吃自助餐，除非能吃到免费的自助餐），选择自己最喜欢的食物。如果自助餐厅内提供各种食物，你的最优选择是把每道看上去还不错的菜都尝一尝，这样就可以决定你喜欢吃什么了。在选择食物的量时，要学会控制自己，尽量不要选太多（避免出现吃不完被罚款的情况），可以适当地少选一点，如果感觉不够，可以添加。

另外，在享用美食的时候，尽量避免吃回本儿的心理的影响。消费的目的是获得满足感，如果你总想着不能让店家赚太多的钱而“拼命”地吃，就无法真正体会到享用美食带来的满足感了，相反还会让自己难受，这是得不偿失的。所以，吃自助餐最划算的方式，是忘记成本，吃饱、吃好，这样才能真正做到物有所值。

经济学小常识

沉没成本：是指由于过去的决策已经发生了，通过现在或者将来的任何决策都无法改变的成本。人们在决定做某件事情的时候，不仅要看这件事情会不会给自己带来收益，也要看看过去是不是已经在这件事情上投入过。我们把那些已经投入不能收回的支出，如时间、金钱、精力等称为“沉没成本”。

如何点菜既能让所有人满意又能享受美味

与朋友出去吃饭，如果每个人都点几道自己喜欢的菜独自享用，不仅开支较大，而且还会造成不必要的浪费（因为根本吃不完）。为了避免出现这种情况，有人建议，把大家点的菜拼在一起，共同分享，这样每个人都能吃到不同的菜了。但是有一部分人却认为这并不是一个好建议。

张先生经常会和朋友一起外出就餐，有人提议："为什么我们不把大家点的菜拼在一起呢？"但是张先生却并不认为这是个好主意，因为这样会很混乱，而且选择的时候会失去自由，例如，要考虑到同事们不爱吃什么、爱吃什么等，顾及太多，就没有选择的乐趣了。尽管如此，张先生还是不想提出反对意见，因为在张先生看来，一旦有人提出了这个建议，反对它似乎就显得自己小气、吝啬，甚至还会因此影响朋友之间的感情（因为别人会觉得他不合群）。为此，张先生十分苦恼。

遇到张先生这种情况，究竟应该怎么做呢？和朋友一起用餐，应该如何点菜才能让所有人都满意，又能享受到美味呢？

经济学分析

乍一看，这个问题确实很难解决，困难之处就在于，虽然你可能不喜欢把食物混在一起吃，但是你的朋友却非常喜欢这种方式。分享只能在这种“拼菜”的行为给他们带来的喜悦感超过给你带来的烦躁感时才会发生，否则就不会发生。但是，谁来做这个裁决呢？

伟大的经济学家罗纳德·科斯建立了科斯定理，预测出了产权明晰可带来的良好的结果。所以与其直接拒绝朋友的提议，还不如坚持让每个人对他们所点的菜拥有所有权。在彼此都同意的条件下交换，肯定是行得通的。但是这要确保只有在社会有效的前提下才会“拼菜”、交换菜肴，即使有一个非常诱人的菜肴，可能让你产生与之“拼菜”的想法，但是你也没有义务必须这样做。

根据科斯定理，选择“拼菜”的这一类人，他们的主要问题在于对每一道菜的所有权并不太明确。

还有，需要注意的是，如果争论的成本太高，那么科斯定理就不适用了。经济学家通常会因为“在餐桌上无法达成协议”而发愁，希望你不会遇到这样的难题。

解决方案

对于喜欢“拼菜”的人而言，“拼菜”方便又实惠。但是，在点菜的过程中，你要做的就是尽量均衡成本。例如，“拼菜”时，选择的菜价要大体相同，最好能保持一致，不过由于每道菜的原材料和做工不同，菜价肯定会存在一定的差异，不可能完全一致。而且你还必须要考虑到朋友们在“拼菜”过程中获得的效用。例如，你必须考虑到别人的喜好，不能点别人不喜欢吃的菜，否则，就无法让每个人在“拼菜”中获得满足。然而，实际上是很难让每个人都满意的。从这个角度上讲，“拼菜”是一种得不偿失的做法。因为休闲的目的就是让身心都得到放松，感到舒适，如果因为点菜的问题让某一个人不高兴，那么休闲就失去意义了。

经济学小常识

科斯定理：是由经济学家罗纳德·科斯提出的一种观点，认为在某些条件下，经济的外部性或者说非效率性可以通过当事人谈判的方式得到纠正，从而实现社会效益的最大化。关于科斯定理，比较流行的说法是：只要产权是明确的，并且交易的成本为零或者非常小，那么无论开始时把财产的产权给了谁，市场均衡的结果最终都是有效率的，都能够实现资源配置的最优化。

科斯定理的前提条件有两个：明确产权和交易成本。

科斯定理表明，市场的真谛不是价格，而是产权，只要有了产权，人们自然就会“议出”较为合理的价格。但是明确产权只是通过市场交易实现资源配置的一个必要条件，而不是充分条件。另外一个必要的条件是“交易成本不存在”。科斯定理的这两个前提虽各有所指，但又不是完全独立、彼此之间没有联系的。其中最根本的联系是明确产权对减少交易成本的决定性作用。如果产权不明确，那么交易成本会变得无穷大，任何交易都无法完成；而如果产权界定非常清楚，那么即使存在一定的交易成本，人们也可以通过交易来解决这些问题，另外，还能选择最有利的交易方式，达到降低交易成本的目的。

为什么酒店附设的小超市卖的东西会那么贵

如果你在休闲的时间选择旅游，就一定会有住旅馆或者酒店的经历。那么，你肯定会发现一个问题，如果想在酒店附设的小超市（或者称为小卖部更加合适）内买一瓶普通的果汁，需要支付比平时高几倍的价钱。当然这种现象并不是中国独有的，世界各地都是如此。来自美国的杰瑞先生同样存在这样的疑惑。

杰瑞先生在纽约出差，住在曼哈顿的一家酒店内。工作之余，杰瑞先生想要购买一瓶矿泉水，为了方便，他来到了酒店附设的小酒吧里，当杰瑞先生准备付账时，服务员很礼貌地说："先生，您总共消费 2 美元！"天啊，一瓶矿泉水竟然要 2 美元！很显然这个数字让杰瑞先生非常震惊，因为就在前一天，他在一家连锁超市内购买的同一种品牌的矿泉水只要支付 60 美分。

相信看完这个事例后，很多人都存在和杰瑞先生同样的疑惑：为什么酒店附设的超市、酒吧销售的物品价格贵得这么离谱呢？我们看看从经济学的角度应该怎么看待这个问题。

经济学分析

一家连锁店，卖的任何东西都会比非专业的店更加便宜。毕竟，连锁店内的商品销售量大，能够有效地利用专业化来实现高效率。可以这样说，在连锁店内卖 60 美分一瓶的矿泉水，在酒店内需要卖 2 美元才能够维持成本。

酒店的小酒吧或者小超市销售的物品价格如此之高，如果非要有一个合理的解释，大概是因为销售物品只是酒店采用的一种间接的手段，以此来为那些对价格敏感的消费者提供住宿折扣。为了实现酒店住房的高居住率，酒店需要用有竞争力的价格来吸引一部分顾客。例如，不少酒店在网上团购的价格很低，原因就在于对于经常上网的人来说，他们对价格更加敏感。

目前，酒店行业的竞争非常激烈，一些酒店的利润并不是太高。为了向那些价格敏感的顾客提供他们认为的更优惠的价格，酒店必须想办法从其他顾客那里寻找额外的收入，以提高自己的利润。

酒店的经营者当然知道，小酒吧内的物品价格高得离谱，肯定会吓走一些顾客。但是他们同样也清楚，那些对价格不太敏感的顾客并不会被高价吓走。从这部分客人身上获得的额外利润，能够让他们用更低的住宿价格来吸引那些对价格敏感的顾客入住酒店。

这样一来，既保证了酒店的入住率，又不会让酒店的整体利润受损。何乐而不为呢？

另外，酒店的经营者还能赚一部分懒惰者的钱，这些人虽然也对价格敏感，但是他们往往因为懒惰而不愿意出门购物，所以酒店内附设的酒吧或超市成了他们的首选。

那么，我们作为一名理性的消费者，在遇到这种情况时，应该怎么办呢？

解决方案

作为一名理性的消费者，是不应该购买酒店内附设的酒吧或小超市内的物品的。在入住酒店前，应该先把自己需要用的东西准备好，如果发现遗漏了某些东西没有购买，可以选择去附近的超市或者小卖部购买。不要因为自己的懒惰造成这种不必要的损失（如果你十分有钱，可以不必考虑这些，不过节俭是一种美德）。当然，如果遇到特殊情况，如下大雨无法出门，而你又急需某件东西，也可以购买酒店附设的小卖部的东西，记住不要心疼哦。

经济学小常识

价格：价格是价值的货币表现。价格在商品经济中主要有三种职能：

第一，标度职能。它是指价格所具有的表现商品价值量的度量标记。在商品经济条件下，劳动时间是商品的内在价值尺度，而货币是商品内在的价值尺度的外在表现。货币的价值尺度通过价格来实现，价格承担了表现社会劳动消耗的职能，成了在观念上表现商品价值大小的货币标记。

第二，调节职能。它是指价格具有调整经济关系、调节经济活动的职能。

第三，信息职能。它是指价格的变动能够向人们传递信息，反映供求关系变化的状况，引导企业进行生产、经营决策。

为什么音乐会的套票会比较便宜

休闲时，去听一场美妙的音乐会，感觉一定非常棒！

来自意大利的亨特非常喜欢听音乐会，他觉得听音乐会不仅可以带来听觉上的享受，还能陶冶人的情操，消除内心的烦恼。但是每次在购票之前，他都会面临两种选择，这让他感觉很不爽，因为他不知道如何抉择。每次他去售票厅购票时，售票员总会问他同样的问题："先生，您要购买单场票还是套票？套票（是买家要一次性购买一系列演出的票）更加实惠。"亨特通过计算发现，套票的价格比单场票的价格低了35%。虽然价格如此低廉，但是亨特仍然非常犹豫，如果购买套票，他无法保证自己每场音乐会都能赶到现场；如果购买单场票，又觉得不划算。犹豫之下，他还是选择了购买套票，因为对他这种音乐会的忠实粉丝而言，套票更划算。

看了亨特的事例，我们来思考一下，为什么音乐会的举办方会推出两种不同的票，而套票的价格会更便宜呢？

经济学分析

如果采用这种定价形式，就能帮助乐团把每一场演出的固定成本分散到更多的听众身上。现在我们假设某一个乐团安排了两场系列演出，第一场演奏的是贝多芬的音乐，第二场演奏的是莫扎特的音乐。再假设这两场演出的潜在听众由人数相同的四类不同的人组成。第一类人，喜欢贝多芬超过喜欢莫扎特，因此他们愿意花600元听第一场演出，但是第二场演出的票他们只愿意花400元；第二类人，喜欢莫扎特超过喜欢贝多芬，那么第一场演出的票他们愿意花400元，而第二场演出的票他们愿意花600元；第三类人是莫扎特的忠实粉丝，他们只愿意花200元听第一场音乐会，而愿意花700元听第二场音乐会；第四类人是贝多芬的忠实粉丝，他们愿意花700元听第一场音乐会，而只愿意花200元听第二场音乐会。

综合潜在听众对以上两场音乐会的重视程度，乐团在定价的时候，最好将单场演出的票价定在600元，那么在这个价格下，第一类人和第四类人可能只会出席第一场音乐会，第二类人和第三类人可能只会出席第二场音乐会。如果每一类听众都是100名的话，那么每场音乐会都将有200名听众，两场音乐会的总门票收入为240000元。

如果剧院决定提供两场音乐会的套票，此时，单场的票价为700元，而套票的价格为两场800元，那么平均下来，单场的票价就是400元（比原来少了200元）。这样一来，贝多芬的忠实粉丝还是只听第一场，莫扎特的忠实粉丝还是只听第二场。但是有了套票之后，第一类人和第二类人的立场就不坚定，他们可能两场都想听。虽然他们在听第一场音乐会的时候比之前少付出了200元，但是他们都出席了第二场音乐会，这样一来，他们给剧院直接带来了200元的纯收益。如果仍然假设每一类听众都有100人，那么剧院的门票收入应该是300000元，比之前多了60000元。

为了承担演出的成本，大多数乐团都会争取足够的门票收入。而综合上面的分析我们知道，提供套票能够帮助他们增加门票收入。

解决方案

如果你只想在休闲的时间听一场演唱会，那么建议你购买一张单场的票，因为如果你不出席第二场音乐会，必然就会造成浪费；当然，如果套票上提供的音乐会都是你喜欢的，你就应该购买套票，因为平均下来还是能帮你省不少钱。所以在购买音乐会门票时，还是应该考虑到自己的时间安排，以及音乐会对你的吸引程度。

经济学小常识

在经济学中，把这种套票的策略称为搭售策略。搭售是一种销售技术，是一种不完全市场竞争的定价策略，它指的是将两件或者两件以上的产品捆绑销售的一种价格策略。

搭售可以分为以下几种类型：

第一种，显性搭售和隐性搭售。前者是指在销售一种商品时要求买方购买另一种商品，这种搭售安排非常明显，没有任何歧义；后者是指卖方没有要求买方购买另一种商品，但是会规定“买方不能从其他的供应商那里购买那种商品”，这种搭售比较隐蔽，但是二者的效果是相同的。

第二种，契约式搭售和事实搭售。前者是指以契约的方式固定下来的搭售安排；后者指的是指没有搭售契约，但是通过一系列事实能够证明搭售的存在。

第三种，封闭式搭售和开放式搭售。前者是指卖方要求买方同时购买第二种商品，才愿意出售第一种商品，如果买方不购买，卖方就拒绝销售；后者是指在搭售契约中，有“特惠路线”的条款，即当卖方的竞争者提供的被搭售的商品在质量和价格上和卖方被搭售的商品相同时，卖方享有优先交易的权利。

免费续杯要喝吗

在周末或者节假日约几个朋友一起逛街吃饭，是一种很好的休闲方式。然而，吃饭的地方那么多，应该怎么选择呢？

终于又迎来了一个周末，小曼约自己的闺密一起逛街。临近中午，几个人觉得肚子饿了，想找一家餐厅歇歇脚。街上的餐厅林立，一家挨着一家，看上去档次都差不多，用餐环境也都还不错，究竟该选哪一家呢？小曼和闺密一边走一边商量。忽然，她们发现了一家小店，店门口挂了一块十分可爱的小招牌，上面写着“本店饮料一律免费续杯”。小曼和闺密毫不犹豫地走进了这家店。这家小店的服务态度非常好，虽然菜价稍微高一点，但是味道相当不错，最重要的是，小店内酸梅汤、柠檬茶、冰茶等饮料都可以免费续杯。小曼和闺密们约定，下次逛街的时候，仍然来这家店吃饭。

相信很多人在遇到小曼这种情况时，也会选择这家“饮料免费续杯”的店。现在，我们来思考一下，为什么店家会为顾客提供这项服务呢？

经济学分析

从经济学的角度来看，店家的这种行为并不难理解。如今，餐饮业的竞争非常激烈，没有哪一家餐厅能够垄断整个餐饮业。为了提高餐厅的竞争力，争取更多的利润，餐厅老板一定会想尽一切办法（当然不包括违法手段），让自己在餐饮业站稳脚跟，在不被市场竞争淘汰掉的同时，还能够最大限度地提升自己的利润。

为顾客提供免费的饮料续杯，正是餐厅经营者的一种营销策略，这种策略深受买卖双方的喜爱。

一般情况下，餐厅为吸引顾客会提供多种饮品的续杯服务，但是，如果你留心观察就会发现一个秘密——这些饮料的成本实际上非常低，与昂贵的菜价相比根本不算什么。即使顾客续杯多次，餐厅也不会有损失。但是，一些消费者并不这样认为，他们可能认为自己占了很大的便宜，所以下次还会继续选择这家餐厅。餐厅的经营者正是利用这种手段吸引了顾客。

在这里就涉及一个经济学上的名词——需求弹性。像饮料这一类商品，需求弹性非常大，正因如此，很多餐厅都会为顾客提供饮料的免费续杯服务，在赢得顾客的同时也为自己争取更多的利润。

以酸梅汤为例，当市面上的酸梅汤价格升高时，消费者可能会转而购买价格低的凉茶或其他替代品；如果顾客对酸梅汤的需求弹性大，当餐厅将酸梅汤的价格从每瓶 3 元降到了完全免费，那么很多顾客都会被吸引过来。

随着经济的发展，人们的生活水平在不断地提高，闲暇时外出就餐的人数也在逐渐增长，这样一来，餐厅为顾客提供服务的平均成本就会降低，但是从每一顿饭中收取的费用会远远高于这顿饭的实际成本。所以只要能吸引更多的顾客，餐厅的利润就会增加。而挂出“提供免费续杯服务”的招牌，就会吸引一大批顾客，因此，无论从哪个角度来看，餐厅都是最后的赢家。

解决方案

如果你是一个讲究实惠的人，那么在选择餐厅时，还是应该优先考虑菜价的因素，如果菜价相对较高，那么即使有续杯服务也不要选择，毕竟菜钱才是大头。当然，如果你认为菜价适中，那么提供续杯服务的餐厅就是你的最佳选择。

经济学小常识

需求弹性：指的是在一定时期内，一定程度上的价格变动引起的需求变动的程度。它通常用价格的弹性系数来表示：需求价格弹性系数等于需求量变动的百分比除以价格变动的百分比。根据需求价格弹性系数的大小，我们可以把商品的需求划分为五种类型：完全没有弹性、缺乏弹性、单位弹性、富有弹性和无限弹性。对于经销商而言，了解其经营商品的价格弹性，不仅有利于提高商品促销的投资收益，更有利于在与零售商合作时进行定价，帮助经销商分析是否由自己来承担商品持续降价带来的损失以及可能只对零售商有利的促销费用。

“AA”制时，我们会点更贵的菜吗

朋友聚餐时，很多时候我们会选择“AA”制的方式付款。但是，你发现一个问题了吗？当大家平均分摊用餐费用时，人们往往会点价格更贵的菜。

陈女士就曾经遇到过这样的问题。在假期和周末，她经常和朋友们一起聚餐，以前大家采用的是轮流付款的方式，每顿饭消费大约在100元。后来，有人提议每顿饭“AA”制。这个提议得到了大家的一致认可。但是，实行了几次“AA”制后陈女士发现，每顿饭至少要消费150元，有时还会达到200元。为什么实行“AA”制后，大家点的菜比原来贵了很多呢？朋友之间不是应该互相体谅的吗？对此，陈女士一直很纳闷。

看了陈女士的事例，我们也来思考一下这个问题——平均分摊餐费之后，为什么消费会比原来高了呢？

经济学分析

从经济学的角度来看，陈女士所描述的“用餐者的困境”实际上是一种“囚徒困境”。当人们平均分摊餐费时，往往会占别人的便宜。一些著名的经济学家一直在努力研究这个问题。他们选定了一家高档餐厅做实验，把前去用餐的顾客分为不同的小组，每个小组 6 个人，让每个小组以抽签的方式选择不同的支付方案，最后记录下来这些用餐者对不同支付方案的反应。有的小组抽到了免费用餐，他们点了一大堆食物；有的小组抽到的是个人支付自己的账单，他们在点餐时，会比较菜价，选择一份经济实惠的套餐；还有的小组抽到的是“AA”制支付方式，他们在点餐的时候，会首先选择自己喜欢的食物，而更少关注食物的价格。这个实验很好地证明了上面的观点——分摊餐费，一起用餐的人会占其他用餐者的便宜。这是为什么呢？

主要原因就是在付款实行“AA”制时，每个人都想获得比个人单独付账时更多的优惠。例如，如果是 5 个人用餐，事先说好实行“AA”制付账。其中一个人平时单独用餐，一般只会选择一份 50 元的牛排，如果他选择价值 70 元的牛排，那么就要支付比平时多出 20 元的额外支出。假设通过这 20 元他能得到的满足感价值为 10 元，那么支出 20 元获得的回报却只有 10 元，只有笨蛋才会这样选择。但是现在的情况不同了，5 个人一起用餐，因为平均分摊餐费（也就是实行“AA”制），那么这个人额外支出的 20 元就被平均分成了 5 份，而此人实际上只要额外支出 4 元，用 4 元支出就能获得价值 10 元的回报，对此人来说是十分划算的。既然如此，为什么不点贵一点儿的牛排呢？

既然实行了“AA”制，在一个组合内，有这种想法的当然不是其中的一个人，其他人也会这样“算计”。结果，看上去个人的单项费用减少了，并且自己也得到了额外的好处，但是，他们支出的总额却上升了。

实际上，“AA”制的付款方式在经济学上是一种无效的决定。因为，在一个组合中，如果对个人来讲，点一份价值 70 元的牛排，自己只要支付 4 元就能够得到价值 10 元的额外好处，相当于净收益是 6 元，但是在这个组合内的其他人就要帮他分担 16 元，也就是说，群体的总金额增加了16元。这样计算下来，个人的总收益是6元，但是集体的损失却是16元，个人得到的总收益要少于集体的损失，这样分摊到每个人身上，损失还是比较多的。

我们应该怎么解决这个问题呢?

解决方案

选择和朋友聚餐的确是一种不错的休闲方式，但是“AA”制的付款方式却不是最经济的选择。我们可以采用轮流付款的方式，让每个人都做一回东。这样既能节省整体的支出，还能增强彼此的感情。当然，并不是说不能选择“AA”制的付款方式，偶尔采用这种方式也是可以的，在实行“AA”制时，我们可以规定好每个人的消费上限来限制个人的行为，这样就不会出现人多反而消费更多的问题了。

经济学小常识

囚徒困境：是两个被警察逮捕的嫌疑犯之间的一种特殊博弈，它诠释了为什么尽管合作对双方有利，但双方却不容易保持合作的现象。囚徒困境来源于一个故事——警察逮捕了两个嫌疑犯，尽管知道他们有罪，但证据不足，只得将两个嫌疑犯分开审讯。如果两个嫌疑犯都拒不认罪，那么由于证据不足两人只会被判 1 年有期徒刑；如果两个嫌疑犯都坦白，那么两人都将会被判 8 年有期徒刑；如果一人坦白而另一人拒不认罪，那么坦白的人无罪释放，拒不认罪的人被判 10 年有期徒刑。

表面来看，双方都拒不认罪才是对彼此都有利的，但结果却往往并不是这样，而是双方都选择坦白。因为不管同伙选择什么，每个囚徒的最优选择都是坦白——如果同伙拒不认罪，自己坦白的话无罪释放，拒不认罪的话获刑 1 年，坦白比拒不认罪好；如果同伙坦白，自己坦白的话获刑 8 年，拒不认罪的话获刑 10 年，仍然是坦白比拒不认罪好。

值得注意的是，在重复的囚徒困境中，结果会不一样。博弈反复地进行，每一方都有机会去“惩罚”对方的背叛。这时，合作可能会作为均衡的结果出现。背叛的动机这时可能被受到惩罚的威胁所克服，从而产生一个较好的、合作的结果。并且，重要博弈的次数越趋向于无限，双方的合作越能维持下去。具体地说，如果你与对方共同就餐只有一次，那么“AA”制吧；如果彼此打算长期地交往下去，那么轮流付款、你来我往，何乐而不为？

临时取消休假值得吗

在休假期间最怕遇到什么情况？相信大多数人的回答都可能是“意外”！是的，如果在休假期间，遇到“意外事件”不得不取消休假，将是多么痛苦的一件事情啊！来自英国的保拉女士就遇到了这样的难题。

保拉和丈夫决定休半年假，游遍欧洲。两人兴致勃勃地上路了，前两个月，远离工作的烦恼和压力后，他们过得非常快乐。但是就在两人决定前往意大利时，保拉的闺密打电话邀请保拉参加她的婚礼，婚礼在一个月后举行。这个小意外让保拉陷入了纠结中。她不知道自己是应该缩短自己的旅程，放弃原本的休假计划，飞回英国参加朋友的婚礼，还是置朋友于不顾，继续和丈夫完成旅程。

可能我们在旅游、休假的时候也会遇到像保拉一样的小意外，在面对这些小意外的时候，我们该如何选择呢？放弃休假吗？但是取消休假真的值得吗？

经济学分析

保拉遇到的难题属于两难问题。两难问题就是 50% 的问题，而难就难在有两种可能的选择，无论选择哪一种都有利有弊，让人们处于一种进退两难的困境。这类问题的主要特征是：无论你做什么决定，都会失去另一种选择，作了决定，你也只能期望得到50%，但是如果不做决定，将失去100%。那么，保拉遇到的这个两难问题应该如何解决呢？我们首先应该引入一个概念——帕累托最优。帕累托最优是指当人们从一种状态变为另一种状态时，在没有使境况变坏的情况下也不可能再让人的境况变得更好。

从经济学角度来看，对于保拉来说，如果参加朋友的婚礼和取消休假其中的一个计划相对来说帕累托最优，那么做出选择就非常简单了，必然要选择帕累托最优的那个计划。因为帕累托最优至少能让一个人的境况更好，而且最重要的是没有人会因此境况变差。

保拉的闺密当然希望她能出席婚礼，但是保拉的丈夫却希望她做出另一种选择——完成计划的旅程。在这种情况下，根本没有一种办法在使其中一个人境况不会变差的情况下让另一个人的境况变得更好。因此，无论保拉做出哪一种选择，都不能实现帕累托最优。所以利用帕累托最优原则根本无法解决这个问题。

解决方案

那么，在无法达到帕累托最优的情况下，面对这个两难问题，保拉应该怎样选择呢？或许可以采用希克斯·卡多尔的补偿体验法。如果保拉能够给她的闺密足够多的金钱来减轻她的闺密对她没有出席婚礼的遗憾，并且能够让她的闺密感受到自己的真诚以及对此事的重视程度，那么就能满足补偿体验，而保拉也能继续休假。幸运的是，保拉并不需要真的贿赂她的闺密，让她原谅自己不能出席婚礼，因为这种贿赂还可能会导致对方的误解。保拉需要明白的一点就是，她和丈夫在休假的过程中得到的快乐，要远远超过她的闺密在婚礼上看到她的身影带来的快乐。如果她能这样考虑，那么她应该怎么做选择就显而易见了。

那么，如果我们在休假或者旅游的途中遇到的问题与保拉遇到的问题不同，但同样需要做出选择时，我们应该怎么办呢？当然首先可以参考帕累托最优原则，也可以采用补偿体验法。另外，还要综合多方面的因素进行考虑，这样才能做出合理的选择。如果这个小意外对你来说非常重要，例如，被老板召唤，而你正好需要一个加薪的理由，那么你的最优选择当然是取消休假了；如果小意外并不会给你带来太大的影响，那么还是休假吧，毕竟假期来之不易啊！

经济学小常识

帕累托最优：帕累托最优是资源分配的一种理想的状态，即假设固有的一群人和可分配的资源，从一种分配状态转变为另一种分配状态的过程中，在没有使任何人境况变坏的情况下，也不可能再让某些人的境况变得更好。简单地说，就是不可能再改善某些人的境况，而让其他人不受损。这个概念最早是由意大利的经济学家维弗雷多·帕累托提出的，他在关于经济效率和收入分配的研究中最早使用了这个概念。

要实现帕累托最优，一般来说需要同时满足三个条件：

第一，交换的最优条件；

第二，生产的最优条件；

第三，交换和生产的最优条件。

暴力影片会提高犯罪率吗

近年来，我国的电影事业发展得越来越快，不仅国产电影的数目逐渐增多，也引进了不少国外的大片。闲暇时看电影成为人们主要的休闲方式之一。

然而，电影的发展也给人们带来了一些担忧，如暴力影片对人们的影响。

这种担忧可能突出地表现在青少年的父母身上，他们担心孩子会因为看暴力影片而变得有暴力倾向。

陈先生曾经在博客上写了一篇文章，他在文章中提出，他经常会带自己16岁的儿子一起看电影，当看到电影里的武打场面时，儿子总是会不自觉地模仿演员的动作，而且带着凶狠的表情，这让他十分担忧。他担心儿子会受这些影片的影响而走向暴力犯罪之路，因此，他决定不带儿子看这种类型的电影。不过，儿子对他的这一行为很不理解，父子俩经常为看电影而争吵。

因此，他呼吁当今的电影审查制度更加严格些，删除那些直白的暴力场面。

其实陈先生提出的正是现在很多家长所担忧的问题。但是经济学家却持有相反的观点，他们认为观看暴力影片不会提高犯罪率。这是为什么呢？

经济学分析

经济学家认为，假如一个人看了一部暴力电影（在电影中穿插一些暴力的片段），而它会导致此人去殴打别人，这就是陈先生认为的负外部性的最佳定义。

但是电影院并不在乎这一点，除非斗殴事件发生在电影院内。大部分人也并不在乎，只有那些不幸被殴打的人才会对此存在异议。但是，在这个问题上，一部分经济学家还是提出了自己的解决方法，他们主张必须对暴力电影征税，而不是对影片本身采取更加严格的审查制度。

这种观点是在假设暴力电影会导致犯罪的前提下提出的。但是实际上，这种假设并不一定成立。据说，心理学家曾经用一部分人当“小白鼠”进行实验，他们让这一部分人观看暴力画面，得出的结论是：观看暴力画面后，这些人会变得更加暴力。但是有人对这一实验结果提出了疑问：“心理学家是怎么衡量这种影响的呢？观看暴力片段的人，在观看后和观看前有什么不同的表现呢？难道是逼迫心理学家做一些不可能的事情，如吞下笔记本？”这种质疑未免带有调侃的意味，但是他们或许只是想表达，心理学家得出的这种结论还有待进一步考察。

经济学家还指出，认为暴力电影会提升犯罪率的人，可能没有注意到一个现象，当电影《终极死亡3：复仇》在电影院上映时，一些小流氓在电影院内看电影，他们并没有当众打架、斗殴。

美国的经济学家戈登·达尔和斯特凡诺·德拉·维尼亚的一项研究表明，当一部暴力电影在电影院上映时，当晚的犯罪率就会相对降低，并且在第二天早晨之前，能够一直维持较低的水平。但是，如果电影院内播放的是爱情片，那么这些暴徒们反而会制造接二连三的暴力事件。这两位经济学家认为，暴力电影的上映，让美国平均每天少发生175起暴力袭击事件。

由此他们得出的结论是：暴力影片不仅不会导致犯罪率的提升，还会降低犯罪率。不过这一说法很难得到心理学家的认可。心理学家指出，银幕上的暴力会增加现实中的攻击性。

究竟该听谁的呢？

解决方案

经济学家向来用数据说话，暴力影片在上映期间，确实导致了一段时间犯罪率的降低，但是他们忽略了一点，那就是暴力电影对人们心理造成的长期影响，而这正是心理学家所关心的问题。因此，我们在选择影片时，应该尽量避免观看这一类型的电影，尤其不要带未成年人观看这种类型的电影，避免对他们产生不良的影响。

经济学小常识

负外部性：是指一个人的行为或者企业的行为影响到了其他人或者其他企业，导致了他人或企业支付了额外的成本，但是他们又无法获得相应的补偿。“负外部性”这一概念最早是由经济学家阿瑟·塞西尔·皮古提出来的。所谓“外部性”，指的是主体的行为活动对他人和社会造成的影响。其中，对他人和社会产生的积极影响称为“正外部性”，反之则称为“负外部性”。例如，如果某个市民不加约束地遛狗，狗在草地上留下了排泄物，这就是一种“负外部性”。解决负外部性的根本途径是统一公共资源的用途以及使用方式。

使用积分卡我们赚了吗

张太太经常光顾一家美容院，原因是该美容院推出了积分政策。该美容院告诉顾客，只要积满 1000 分，就能拥有一张会员卡，并享受八八折优惠。

这种促销手段引起了张太太的注意，因此每次要做美容时，她总是首选这家店。不仅如此，她还经常介绍自己的好朋友光顾这家店。她觉得积分制给自己省了不少钱。

其实很多人都会产生和张太太一样的想法，认为店家发放积分卡，实行积分制，对消费者来说是十分有利的，发放积分卡完全是一种回馈消费者的行为，但是真的是这样吗？使用积分卡，消费者真的赚了吗？

经济学分析

从经济学的角度来看，商家发放积分卡实际上是为了更好地进行“价格歧视”，而并不是像他们标榜的那样，为了回馈广大消费者。

如果你去购物，商家告诉你，如果你一次性多买一些就能给你优惠，这就是价格歧视。你经常光顾，是老客户，商家给你优惠，这也是一种价格歧视。但问题是，商家有时很难区分谁是常客。将大型超市和街头巷尾的小卖部相比，后者往往凭借自己的记忆来区分谁是老顾客，而前者不能仅仅通过记忆来区分。但是，推出积分卡制度后，商家很容易通过顾客的积分情况来判断谁是常客，从而对其施行优惠政策。

由此看来，积分制是商家为了把顾客区分开来而进行价格歧视的一种手段。他们的目的是鼓励消费者多消费，以便获得更多的优惠。如果有一种成本更低、更加便利的方法把顾客区分开来，那么积分制就可能被取代。

如果你仔细观察还会发现，实行积分制的一般都是一些顾客流量比较大，而且顾客单次消费比较少的行业的商家。例如，与小商场相比，大商场采用积分制的比例就相对较多，因为小商场客流量小，实行积分制会得不偿失。又比如，百货类、饮品类的商品会较多地采用积分制，但是大件商品却很少使用积分制，因为大件商品购买的人少、需求量小，因此，鼓励消费的积分制不会发挥其作用。

综上分析可以得出结论，无论商家采用哪一种销售手段，最后收益的始终都是商家本身。当然，这并不是说消费者无法从积分制中获取一点儿利益，其实消费者也能从中获利，但是与商家相比，消费者得到的利益少之又少。

解决方案

如果在消费过程中被告知可以获得积分卡，我们当然可以毫不犹豫地使用它，毕竟我们还是能因此获得一定的优惠的，如果放弃使用，那么就连得到优惠的机会也没有了。但是我们不能为了积分而消费。有的人为了使积分达到一定值，会购买一些自己不需要的商品，这是一种不经济的做法，正好中了商家的“圈套”，他们推出积分制的目的不就是想让我们消费更多吗？所以，不管商家有没有推出积分制，我们在购物时都应该理性。这才是一个懂得经济学的人应有的表现。

经济学小常识

价格歧视：它实际上是一种价格差异，通常是指商品或者服务的提供者在向不同的顾客提供同一等级、同一质量的商品或服务时，在顾客之间实行不同的销售价格或者按照不同的标准收费。经营者没有正当的理由对同一种商品或服务、对不同的顾客实行不同的价格，就构成了一种歧视行为。价格歧视是一种重要的垄断定价的行为，是实行垄断的企业通过价格差别来获取差额利润的一种定价策略。

价格歧视既可以是对不同的购买者收取不同的价格，也可以是对同一个购买者不同的购买数量索取不同的价格。

第 4 篇

职场篇

怎样争取加薪

在职场中浮沉过的人都有过这样的经历：公司的某个管理职位空缺了，又或者到了加薪的考核阶段，所有人便像有用不完的力气一样，拼命地表现自己，不仅不会迟到早退，而且还会很早就到公司工作并很晚才下班。然而，这样做是否真的有用呢？我们应该怎样争取加薪或晋升呢？

经济学分析

要当第一个进办公室的人是有风险的。想象一下，如果我们早上 6 点半到公司，但如果另一个人 6 点 15 分就来了呢？倒不如拖到 9 点才到公司，因为第二名是不会有任何奖励的。

当最后一个下班的人，倒是比较容易做到。我们只要等到其他人都走了，再多拖一秒钟就行。但道理相同，我们的同事迟早也会发现这点，所以最后离开的策略可能会流行起来，因而代价变得更高。那么，哪个方法最容易争取到加薪呢？

看起来或许很奇怪，但这两种竞争都是“拍卖”的一种形式。在这两种竞争中，比的是努力，而不是金钱。而且这两种竞争中，必须付出代价的，都不光是得标者。诺贝尔经济学奖得主威廉·维克瑞已经证明过，这类拍卖必然会提高所有参与者的预期收益。抢着第一个进办公室和最后一个离开办公室，不论谁赢，我们的上司都同样会获利，而我们每个竞争的人都同样要付出代价。

对此，经济学家们的建议是：如果我们想玩这种游戏，最好等到加薪或晋升前的一段时间，此时我们的对手们已经耗光了精力及另一半的忍耐，这时我们会比较容易赢得比赛。一开始别太认真，等到我们的对手放弃时，再开始留守到半夜。

但或许我们根本不该参与这场游戏。因为尽管这场竞赛老板才是最大的赢家，但是给谁加薪、给谁晋升的机会是具有长远影响的决定，因此，老板更注重考核的往往是职员的个人核心竞争力，而非一时的表现。也就是说，想要晋升、加薪，我们从平时就应该注重个人核心竞争力的提升，这样会比事到临头再被动地参加那场“竞拍”要好得多。

当今社会是一个竞争激烈的社会，一个国家要想在国际政治舞台中拥有一席之地，就必须有自己的核心竞争力；一个企业要想在经济大潮中站稳脚跟，就必须有自己的核心竞争力；一个人要想在优胜劣汰的社会上立足，也必须有个人核心竞争力。

解决方案

人们对竞争的认识随社会生产力水平的提高而不断发展。从自然界的物竞天择、适者生存到当代人类社会的文明竞争、理性竞争、秩序竞争、合作竞争，人们越来越坦然地接受了社会竞争的残酷性和必然性，当然人的主观能动性和人的社会属性促使人类社会形成许多竞争规则，而谁能够在竞争规则中寻找到最适合自己发展而且别人不易模仿的力量，谁就是胜利者。

打造个人的核心竞争力，其目的就是增强个人的竞争优势，让别人无法取代你，让你成为某个领域的NO.1。

个人核心竞争力表现在哪里呢？如果你的个人核心竞争力足够强，你就相比你的对手更具竞争优势，即相比之下，在职场中，你比你的对手更有价值，这些都可以通过个人占有的资源来体现——当然不是指占有的财力，而是更深层次的，如智力资源：IQ和EQ；或者知识资源，如工作经验、市场感觉这些隐性知识……

由被动竞争转向主动竞争是提高核心竞争力的唯一方法。“不是我不明白，这世界变化快”，我们要在竞争中赢得先机，就必须将以适应环境为主的被动的竞争转换为主动去预测环境变化，积极应变，提前采取措施，提高个人核心竞争力。

主动预测，要给自己的职业旅程制造压力，克服惰性，克服工作惯性，主动预测工作的变化，这样才能有备无患。

不要借口工作忙，坚持这样一个原则：花时间去做紧急但不重要的事情，花精力去想重要但不紧急的事情。

经济学小常识

个人核心竞争力，即不易被竞争对手效仿的、具有竞争优势的独特的知识和技能。如果别人也有这种本领，而且比你高强，那么这种本领就不是你的核心竞争力。例如，你十分喜欢唱歌，你的歌声也很美妙动听，但是别人也会唱歌，而且唱得比你还要好，那么演唱就只能算是你的竞争力之一，而不能算是你的核心竞争力。

如此优秀却被辞退了是为啥

有人说，你能创造多少效益就能获得多少报酬。对此，姜明是深信不疑的。因此，他总是想尽办法凸显自己的能力。如果说前两家公司辞退他是因为他不够优秀，那么第三家公司呢？姜明敢说自己的业务水平和工作效率都是部门里数一数二的，但试用期过后他还是被辞退了。这让他百思不得其解，为什么自己如此优秀还是失业了呢？

按理说，表现优秀，能为公司创造更多利润，姜明本应该是各大企业争相聘请的对象才是，怎么会失业呢？到底是哪里出了问题呢？

经济学分析

倘若姜明懂得经济学，或许就不会有这样的疑问，更不会被辞退。

在经济学领域，有一个著名的木桶理论能够给予姜明帮助。其实，姜明会被辞退一点也不奇怪。正如一块木板无论高出多少都无法让一个桶装更多的水一样，姜明一个人无论能力比其他员工高出多少，都不能为企业带来更多的收益，除非姜明能够带动员工整体能力的提高。

姜明这块“木板”比其他的高出一截，这不仅没有给企业带来收益，而且让桶变得“不协调”。比如，姜明的突出表现很可能会给其他员工带来危机感，这样一来，有的员工会开始拼命表现，而有的员工则开始背地里给他人下绊子，整个团体的运营变得混乱不堪。再比如，姜明的突出表现显然是为了获得更多的报酬，倘若公司留下姜明并给予了相对高的报酬，势必让公司的其他员工尤其是老员工心生不满，破坏了整个团体的和谐。

从企业的角度来说，为了实现公司人力资源的合理配置，为了公司运营的协调，辞退姜明是必要的。

可是，不做“出头”的那块木板又怎么获得上司、老总的另眼相看，进而有一个好前途呢?

企业配置人力资源，是以让整个团体产生最大效用为目的的。聘请某位应聘者，只要与这个目的不背道而驰，又或者能够将效用扩大，那么企业一定很乐意。

一个桶，想要装更多的水，每一块木板都要变长，最少也要补齐短板。倘若一个人能够做到这些，那么他势必是各大企业争相抢夺的对象。

解决方案

在职场中，想要有所作为、积极表现，这并没有错，这与企业的人力资源配置目的也并不矛盾。但不同的做法会产生不同的效果。也就是说，姜明之所以会被企业辞退，是他的做法产生了偏差。

一方面，在积极表现、争取上司和老总另眼相看的同时，要注意规避积极表现的负面效果。比如，不要在众人面前表现得太过，要表现可以只在上司或老总面前表现。再比如，即使表现也要顾及同事的感受，能力再强也要学会谦虚和低调。

另一方面，主动为企业补足短板或让所有的木板变长。比如，如果一个人所擅长的专业正是公司所急需或缺少的，那么这样的员工的到来就为企业补足了短板。再比如，如果一个人很擅长协调关系、调动他人工作的积极性，那么这样的员工就让所有的木板都变长了。

经济学小常识

木桶理论：古时候的木桶是用好几块木板拼成一个圆柱组合而成，如果这些木板长度不一，那么决定这只木桶能装多少水的并不是最长的那块木板，而是最短的那块木板，在经济学中，将这种现象称为“木桶理论”或“短板理论”。此外，“木桶理论”还有两个推论：一是只有桶壁上的所有木板都足够高，木桶所盛的水量才能最大化；二是哪怕只有一块木板的高度不够，也会使水桶能盛的水量有所减少。

资源配置：比较相对稀缺的资源在各种不同用途上所产生的效益，进而做出选择。在社会经济发展的过程中，相对于人们的需求而言，资源（社会经济活动中人力、物力和财力的总和，是社会经济发展的基本物质条件）总是表现出相对的稀缺性。这就要求人们对有限的、相对稀缺的资源进行合理配置，力求耗费最少的资源生产出最适用的商品和劳务，获取最佳的效益。资源配置合理与否，对一个经济实体的发展有着极其重要的影响。

转行怎么就那么难

转行的理由有很多：对目前所从事的行业实在没兴趣、不适合职业需要、薪水太低、职位不高、发展前景有限……总之，那些决定转行的人总有充分的理由。但遗憾的是，这本是为更好的将来打算的转行通常只有少数人能够成功。有关统计数据表明，28 岁以后转行的成功率只有 10%，并且随着年龄的增长，这个概率还在降低。

那么，转行为什么会这么难？怎样才能提高成功的概率呢？

经济学分析

经济学领域的"路径依赖"理论正好可以解释这个现象，也能在一定程度上帮助我们成功转行。

一开始之所以会愿意投身于一个行业，是因为这个行业给我们带来了某种收益（或者是成就感，或者是兴趣所在，又或者是丰厚的物质报酬），而这种"甜头"会让人更加投入地从事这个行业，进行"自我强化"，而这种自我强化势必带来更多的"甜头"，进而将人"锁定"在这个行业。比如，从事某一行业一段时间后，日常事务做起来顺手，丰富的人脉积累让难题不难，经验让效率提升、收入增长，等等。

转行，等同于放弃既有的一切“甜头”，转而从零开始。专业需要重新学习，事务需要重新学习，人脉需要从头积累，收入也变低了……种种辛苦与种种“甜头”相对比，挫败与顺遂相对比，顿时压力巨大，在这种情况下，大多数转行的人都会“打道回府”，继续从事原来的行业。简单地说，“自我强化”与“锁定”让人很难脱离现有的职业轨道。

而之所以年龄越大转行越难，是因为时间越久，“自我强化”与“锁定”的效果就越强，会更加牢固地将人锁定在现有的职业轨道上。

如此看来，想要成功转行，就必须战胜“自我强化”与“锁定”。

解决方案

首先，我们应该趁“敌人”还不强大的时候将之打败。也就是说，如果发现现在正在从事的行业并不适合自己，就应该尽早转行，而不是一拖再拖，等到没有办法了再转行。

其次，转行不是一天就能完成的，要懂得循序渐进。打算转行了，于是辞掉现在的工作，投身到另一个行业中谋求职位，并努力做好工作以求发展，这样的做法是非常不明智的。因为一下子全部转变，要付出的沉没成本太高了，要面对来自方方面面的压力。相反，如果懂得循序渐进，在决定转行后，做好现有工作的前提下有计划地熟悉新行业的相关专业知识，了解新行业的相关信息，经营新行业的相关人脉……如此一来，等到真的告别旧行业投身新行业，做起事来就会相对容易、顺遂，转行也就更容易成功。

最后，需要说明的是，转行的过程中难免会遇到各种预想之中、意料之外的困难，我们必须要对自己的选择有信心，要有勇气去克服各种困难。

经济学小常识

美国经济学家道格拉斯·诺斯是明确提出路径依赖理论的第一人。他因为运用路径依赖定律成功地阐释了经济制度的演进规律而获得了1993年的诺贝尔经济学奖。

诺斯认为，事物一旦进入某一路径，就可能对这种路径产生依赖，依赖的产生则是报酬递增和自我强化的机制使然。换言之，人们一旦选择走上某一路径，就会在以后的发展中不断地自我强化，沿着既定的路径，个人的一切资源或能力都可能进入良性循环的轨道迅速优化；然而，如果一开始选择的路径就是错误的，那么就有可能沿着错误路径往下滑，甚至被“锁定”在某种无效率的状态下，从而导致停滞，而想要从“锁定”状态脱身是十分困难的。

路径依赖有两种表现方式：自我强化和锁定。比如，某一企业通过印广告而取得了长足的发展，于是，在以后的发展过程中也注重广告策略，甚至不计成本地去夺取电视台广告标王，这就是“自我强化”。至于锁定，最明显的例子就是：恋爱中女孩爱上男孩，但慢慢发现男孩有些恶习，虽然每次都承诺要改，但仍会再犯，可是女孩却执着地相信以后他一定会改的，就这样她拖了好多年……其中就有“路径锁定”的因素。

而路径依赖之所以能够起作用，是因为背后都有对利益和所能付出的成本的考虑。对组织而言，一种制度形成后，会形成某个既得利益集团，这个团体对现在的制度有强烈的要求，为了保障利益，他们巩固和强化现有制度，即使新制度更有利，他们也不愿意实行。对个人而言，一旦做出选择就会不断地投入精力、金钱以及各种物资，如果哪天发现自己选择的道路不合适也不会轻易改变，因为这样会使得自己在前期的巨大投入变得毫无价值。

换言之，由于不想让已经投入的资源变得毫无价值，舍不得“沉没成本”，有些人才会遵循旧有的轨迹，沉没成本是造成路径依赖的主要原因。

总是原地踏步的原因

王琳是一家广告公司的行政助理，虽然公司规模不大，但是在广告界也算小有名气，所以王琳倒也不为公司的前景担忧。真正令她忧虑的是，在她工作的两年中，公司不断地招兵买马，其中不乏一些很优秀的新员工，而她在这两年中却停滞不前，依旧是个“不起眼”的行政助理，这让她害怕自己被淘汰。

李涛从刚开始干销售的时候就拥有很好的业绩，那时候他就是同批销售人员中的佼佼者。然而几年过去了，一起入行的同事不少人都进步飞快，业务能力有了很大的提升，而自己却仍然停留在一开始的水平上原地踏步。这让他感到非常苦恼。

职场中，有许多人都会像上文中的王琳和李涛一样，因为无法进步、没有突破而苦恼忧虑。那么为什么会停步不前？是天赋所带来的局限，是个人努力不够，还是上苍不给他们机遇呢?

经济学分析

其实，这种现象与经济学中的“内卷化效应”密切相关。

一旦一个人在自己发展的道路上陷入内卷化的泥沼中，就会一直在一个简单的层面上无休止地原地踏步、自我消耗、自我重复，而无法向前发展。上面例子中提到的王琳和李涛就是因为陷入了自身的内卷化效应中而停滞不前的。

那么，陷入内卷化状态的原因究竟是什么呢？其实，陷入内卷化状态是由社会组织或个人所具有的精神状态所决定的。观念决定出路，一个自怨自艾、不思进取、不求改变、不谋开拓的组织或者个人非常容易陷入内卷化状态之中原地不动甚至倒退。比如，生活在不发达地区的许多人仍然过着“三亩地一头牛，老婆孩子热炕头”的农耕生活；而在城市中工作的人也有不少人甘愿守着一份不多不少的薪金过安逸的日子，却不愿意为了一个突破去冒险、去拼搏。

人们常说，一个人的视野决定了他的命运。换言之，如果你给自己的定位是个小职员，那么你这辈子就可能很难突破小职员的上限；相反，如果你认为自己这辈子能有大的作为，那么，你就会为你的目标付出行动，到时也许会真的有所作为。

基思·鲁珀特·默多克是英美澳多家公司的董事长，他控制了澳大利亚2/3和英国1/3的报纸发行。由于受到作为战地记者和出版家的父亲的影响，默多克从小就对新闻行业充满了兴趣。然而，在默多克毕业的时候，父亲的产业经营出了问题，面临被拍卖的境地，他毅然承担起挽救家庭产业的责任，不到一年的时间，他就实现了扭亏为盈。然而，他并没有让自己局限起来，而是为自己规划了一个新闻王国。默多克果断地聘用没有新闻从业经验的彼得，有了彼得的协助，默多克以一种近似疯狂的管理模式快速地向外扩张，到了50岁的时候，他已经控制了澳大利亚和英国的大部分报纸。

然而，即使取得了这样的成就，默多克也仍然不甘心就此原地踏步。很快地，他又成立了新闻集团，并聘用了“疯狂的公牛”罗杰。此后，他又建立了自己的电视传媒王国——福克斯电视网（Fox）。当互联网时代来临时，默多克又与日本一家公司合办了专门拓展互联投资的软银公司；2005年，他又以5.8亿美元收购了当时My Space的母公司Intermix Media，开始在网络新闻博客和网络社交领域攻城略地、扩大疆土。

默多克说：“每当我成功地攀越了一个顶峰时，我都会反复提醒自己：要勇敢地再向前迈一步，不能原地踏步、故步自封。”就这样，默多克从未满足，从未为自己的发展设限，因此，他从未陷入内卷化状态的窘境，总是能不断地取得更大的成就。

解决方案

在职场中，不要每天围着自己那点儿本职工作打转，得多接触一些新的东西。比如，尽管你只是办公室的一名文员，但别只做处理文件那点儿事儿，了解一下企业文化、发展战略等情况，谁能肯定这些不会触发你的灵感，让你凭借一个绝妙的点子而入了上司的眼呢？也别只接触那几个因工作原因而需要接触的人，多与人接触，没准谁就会给你带来惊喜。

只要能把自己过去的成绩归零，不断地去超越、向前，就一定不会使自己陷入内卷化的窘境，一定能够不断地取得成就，拥有成功的人生。

经济学小常识

内卷化：20世纪60年代末，美国人类文化学家利福德·盖尔茨在爪哇岛生活时，曾潜心研究过当地的农业生产。他发现，那里的农业生产一直停留于一种简单重复、没有进步的轮回状态，他将这种现象称作“内卷化”。由于这种现象的普遍性，“内卷化”这一概念也被广泛地应用到了政治、经济、社会、文化等各个领域的研究中。准确地说，内卷化是指一个社会或组织长期以来一直在一个简单层次上自我重复，既没有突变式的发展，也没有渐进式的增长。

为什么少数服从多数也会错

林远是公司的策划人员，因为策划了好几个很不错的方案最近晋升为策划小组的主管。更让他高兴的是，刚上任没几天就接到了一家跨国公司的广告案。

为选出最优秀的策划案，林远发动全组投票，多数人认为哪个方案最好就选哪个方案。

但让人意想不到的是，这份被小组大多数成员认同的广告策划案，无论是策划总监还是公司老总都很不满意。

现在，林远不明白的是，为什么这样一份由多数人的意愿确定下来的广告策划会如此糟糕，甚至不如由一个人单独完成的好，难道少数服从多数错了吗？

经济学分析

经济学中的“阿罗不可能性定律”能够帮助我们解决这个问题。阿罗不可能性定律源自孔多塞的“投票悖论”。

下面我们以林远的例子来作分析。假设策划小组中有甲、乙、丙三个成员，目前有 A、B、C 三个备选方案。甲、乙、丙三人对方案的偏好如下表所示：

甲	乙	丙
A > B > C	B > C > A	C > A > B

这里“A > B > C”代表喜欢 A 方案胜过 B 方案，而喜欢 B 方案又胜过 C 方案，换言之，在 A、B、C 三个方案中觉得 A 方案最好，B 方案次之，C 方案最差。其他类似表述以此类推。

先看看 A 方案与 B 方案的 PK，甲认为 A > B，乙认为 B > A，丙认为 A > B，也就是说，三个人中有两个人认为 A 方案胜过 B 方案，社会次序偏好为 A > B。

再来看看 B 方案与 C 方案的 PK，甲认为 B > C，乙认为 B > C，丙认为 C > B，也就是说，大多数人认为 B 方案优于 C 方案，社会次序偏好为 B > C。

最后来看看 A 方案与 C 方案的 PK，甲认为 A > C，乙认为 C > A，丙认为 C > A，也就是说，大多数人都倾向于 C 方案，社会次序偏好为 C > A。

由此我们得到三个社会偏好次序：A > B；B > C；C > A。也就是说，对于大多数人来说，A 方案胜于 B 方案，B 方案胜于 C 方案，C 方案胜于 A 方案。

显而易见，这个结果本身就是自相矛盾的。

由此可见，按照“少数服从多数”的原则不一定能得出合理的社会大多数人的偏好次序。

换言之，被大多数人所认同的方案也可能被大多数人所否定。依靠简单多数的投票原则，要在各种个人偏好中选择出一个共同一致的顺序是不可能的。

如此看来，林远策划小组的大多数成员认同的方案却被总监和老总否定也就不足为奇了。

解决方案

要想避免林远所遇到的困境，采用“少数服从多数”的原则是不行的，要换一种决策方式。而“全员通过制”则是很不错的选择。

首先，职场中决策正确与否将直接决定团体、组织、企业的发展命运，如果此时采用少数服从多数的原则，会使得决策所承担的风险大大增加。相反，如果采用全员通过制，则可以降低企业所承担的风险。

其次，在决策执行的过程中，每一个环节都是至关重要的，只有每一个环节都顺利完成，才能保证达到最终的目的。然而，要让一个反对决策的人去执行决策，其出错的可能性会大大提高，也就是说，在决策时投反对票的环节就成为公司运作、决策执行中最危险的环节。

总的来说，在决策时，必须关注反对意见，对其进行充分的分析、判断；另外，在条件允许的情况下，采取只要有人反对就暂缓决策的原则，进行进一步论证，以求达到全体通过的理想决策。

经济学小常识

阿罗不可能性定律：“少数服从多数”的结果并不能达成 100% 的满意度（至少还有反对者存在）。1972 年诺贝尔经济学奖获得者、美国经济学家肯尼斯·约瑟夫·阿罗使这一研究更加广泛地应用到社会的各个领域，从而提出了著名的“阿罗不可能性定律”。其基本内容是：由于众多社会成员有着各自不同的喜好偏向，而社会又有多种备选方案，那么在民主的制度下是不可能得到令所有人都满意的结果的。

埋头苦干的人为什么晋升加薪都没份

在职场中，如何才能风生水起，晋升加薪样样都不落下呢？这是每个职场人都在思考的问题。只不过有的人找到了正确的方法，从而平步青云；有的人方法出现了偏差，只能默默无闻。一味埋头苦干，就是这些有偏差的方法中的一个。

经济学分析

诚然，想要收获就要付出。为了能够晋升加薪而努力工作并没有错，但只是这样做是不够的。正是因为做得不够，所以埋头苦干却得不到晋升和加薪。其中的道理，我们可以用“注意力经济学”来加以阐释。

在注意力经济学中，公众的注意力被视为一种经济资源，公众将消费自己的注意力资源去接收信息。一般来说，好的信息能够吸引公众的注意力，并且使其得利，如一个精彩的笑话能够让注意它的人捧腹大笑，拥有好心情；而坏信息虽然也能吸引公众的注意力，但却会让消费注意力的公众受到某种损害，如某个人失态的言行虽会引起他人的注意，但是却会造成关注者心理上的负面影响；而那些无所谓的信息，则很难引起人们的注意。

在职场上，上司的注意力资源是有限的，而所有员工都等着得到上司的注意和青睐，这样一来，上司的注意力就成了稀缺资源，这样的稀缺资源，谁能够得到，谁就能拥有晋升的机会；而那些未曾使上司在自己身上消费过注意力的员工，提升空间就很小。一般来说，那些不易引起上司注意的员工主要有以下几种类型：

伴郎型。这种员工拥有良好的工作能力，但是由于其自身处世态度消极、出人头地的欲望不强，因此往往无法充分发挥自己的潜能。这当然很难得到上司的注意，其升迁晋级也就不会那么顺利。

黄牛型。这种员工最大的特点就是不懂得拒绝别人的要求。只要别人请他帮忙，他就一定会笑着答应，即使会影响自己的本职工作他也不会拒绝，这样一来，自己的本职工作做不好，自然就很难得到上司和领导的赏识。

幕后型。这种员工工作认真负责、任劳任怨，但是由于不懂得如何吸引上司的注意力，最后往往落个为他人做嫁衣的下场。

不满型。这种员工虽然工作努力，但却总有说不完的抱怨。这种信息在注意力经济上起到了负面作用，虽然能够得到上司的注意，却会被上司反感，因此而失去了晋升和加薪的机会。

敌视型。这种员工可能具有某方面的才能，因此而自信过度。他们有突出的工作表现，却看不起同事，常常对他人横加干涉。他们很难融入公司的文化氛围之中与同事和谐相处。因此，他们虽然能够得到上司的注意，但却并不能讨得老板的欢心，而升职和加薪也就成了难事。

从注意力经济学的角度来看，这五种员工虽然表现各异，但都不懂得如何利用资源为自己带来正面的收益，他们或者不懂得如何利用资源获得他人的注意力，或者向他人传递了不良信息。虽然有些人得到了上司的注意，但是却也引起了他们的反感，结果使自己的利益受损。

那么，生活中应该如何应用注意力经济学，应该怎样做才能得到上司的注意，为自己的晋升和加薪创造机会呢？

解决方案

要想抓住别人的视线，而且还要产生正面效果，下列这些方法能够帮助你：

首先，要积极露脸。要尽可能地多出席一些公司会议、多参加公司的各种活动，让上司知道有你这么一个人。接着，试着多做一些有技术含量的工作，要敢于在众人面前提出与众不同的、新颖精彩的见解。

其次，要勇于担当。当有其他员工不愿意做的工作时，站出来，担当起重任。这样，你不但能够得到上司的注意，而且一旦你将事情做成功，上司必然对你另眼相看。即使你没有完成任务，上司也不会责怪你，依然会觉得你是个有担当、愿意为公司出力的人。

最后，要善用新事物。在做好本职工作的前提下，积极利用公司的新事物，做敢吃“螃蟹”的第一人，并且将使用心得及时反馈给公司。例如，公司新开了一个内部网络论坛，你大可积极地在论坛上发表一些积极的言论和观点。

总的来说，作为企业的员工，我们必须明确注意力经济学对我们的职业生涯有着极为深远的影响。

我们要做到从心理上肯定自我，在工作中把握自我、表现自我，有力地控制他人的注意力消费，从而赢得上司的关注，为自己的晋升和加薪创造机会。

经济学小常识

注意力经济学：由 1978 年诺贝尔经济学奖的获得者——著名管理学家赫伯特·西蒙首先提出。他认为，由于产品和信息过剩，导致注意力稀缺，因此产品、信息的提供者如果想要成功推销自己的产品和信息，就一定要千方百计地获取和保持消费者的注意力。

该选哪份工作呢

公司准备派一个人去大连任销售主管，而这个人很可能是高飞，虽然高飞对目前从事的工作并不是太有兴趣，但他仍感到非常高兴。而另一方面，一位朋友给高飞提供了一份做DJ的工作，这是高飞非常感兴趣的工作且待遇很优厚，只不过这是份暂时的工作，是顶替一位请了9个月病假的员工，等到那位员工康复后很可能就会把他换掉，但如果干得好的话，也可能留下他。并且，如果他想要得到这份工作，需要在一周内去报到。

高飞觉得接下DJ的工作太冒险了，还是留在现在的单位好，但放弃自己喜欢的工作又觉得心有不甘。

职场中，类似高飞这样的情况是经常会出现的。比如，同一个时间段却有两位客户要见：一位只要去见就能签单，尽管成交金额不大；一位是大客户，一旦成交就是一笔难以想象的大单，只是还需要进一步努力争取。

那么，面对这种情况，要如何才能做出正确的选择呢?

经济学分析

行为经济学家说，之所以会觉得选择两难，是因为纠缠于行为经济学领域中的“双曲贴现”问题，即迷恋当前所拥有的东西，这种迷恋常见但并不理性，倘若陷入其中，很容易让人做出错误的选择。比如，很多人都会选择今天的 100 元，而不是明天的 110 元。但是，如果要在明年 5 月 30 日的 100 元与 5 月 31 日的 110 元之间做出选择，大多数人都会选择后者。当然，等到真的到了明年的 5 月 30 日，如果可以的话，他们一定会改变主意。再如，上面说到的两位客户的例子，大多数人都会选择去见那位小客户签下单子，而非去见那位大客户，为将来的成交奠定基础。

高飞也陷入了“双曲贴现”问题中，从而更倾向于保住现有的工作，而不是为一份自己更热爱、更好的工作而努力。

两家公司都不能保证高飞会获得一份稳定而不错的新工作。但是，如果待在原来的公司，即使不能赢得新岗位，高飞也依然拥有现在的旧岗位，而且还有继续前行的机会。如果放弃现在这份工作去做那份接替休病假员工的工作，倘若事态发展不理想，高飞将可能失业。在高飞看来，还是牢牢抓住现有的工作更好，毕竟即使这次错过了升迁，以后也总是还有机会。

但在经济学家们看来，这是不理智的做法。倘若选择现有的工作，势必会因不得不继续从事自己不喜欢的事而不快乐，而能得到的好处——即将迁任销售主管并不确定，具有风险。

相反，倘若接下 DJ 的工作，不仅会从自己喜欢的工作中获得快乐，而且随着身心的投入，效率、收益都会显著提升。当然这也有一定的风险——倘若工作不够出色而请病假的员工又回来了，高飞就会失业，但这种风险是可控的，只要身心投入地去工作，工作出色，就不会出现大的问题。

衡量一下所得所失，显然，理智的选择应该是接下 DJ 这份工作。

解决方案

为了做出理性、明智的决定，无论是高飞还是我们都不能受到“双曲贴现”的影响。为此，不妨进行一个思维实验——想象一下，如果两者都不是你当下已经或即将拥有的，那么你会选择哪一个呢？比如，现在高飞有两份工作可以选择，一份是自己不喜爱的，但有可能升迁为销售主管；一份是自己喜爱的，但需要做得出色才能稳定下来。看，这样一想，就很容易做出理性、明智的决定了。

值得注意的是，做出选择之前必须确定两个选择的风险具有相当性。比如，倘若高飞喜欢DJ的工作，但等到请病假的员工病好后就必然会将他替换掉，他只是代班的，与自己不那么喜爱但已经拥有的工作相比起来，前者的风险太高，并不值得选择。当然对于天生喜爱冒险、追求刺激的人来说，也许这是不错的选择。

经济学小常识

双曲贴现：又称为非理性折现，指的是在金额较小的眼前报酬和金额较大的日后报酬之间，人们宁愿选择前者。通俗地说，所谓双曲贴现就是人们喜爱及时、简洁，讨厌延迟、复杂，尽管影响人的决策的因素有很多，但在二选一的抉择中，时间的延迟是一个至关重要的因素。

怎样做个悠闲的管理者

不可否认，作为管理者真是太累了，每天的事务太多了——开不完的大小会议、分派工作给下属、验收工作成果、协调内外部关系、各种事务决策……

每天 8 小时的工作时间，不得不像高速马达一样不停地转，甚至下班后都不得不去想那些与工作相关的事。想要把手头上的事务分一些给助理和下属，又不放心。

这样的日子倘若是一日或者几日也就罢了，倘若日日如此，谁又能受得了呢？而陷入忙累中的管理者又该如何才能在保证工作成绩的前提下更清闲呢？

经济学分析

作为管理者，试图领导一个团队很值得称赞，但试图把所有或大多数事务都揽上身以求放心，就不是明智的管理者会去做的事了。

管理者的职能是管理好一个团队，保证团队和谐、高效地运作，而不是将决策权全部抓在自己手里不分给其他人。事实上，管理工作能否高效，关键并不在于管理者是否掌握了绝对的决策权，而在于管理者能否让团队的每个成员都发挥出最大的效力，并将其汇集成最大的合力。

更重要的是，就某些事务而言，管理者很可能做得并没有下属那么好。毕竟一个人的精力和时间都是有限的，每个人所擅长的事务也各不相同。

因此，将手头上的事务合理地分派给助理和下属，给予他们一定的决策权，才是一位明智的管理者应该做的。至于担心他们敷衍了事的问题也很容易解决，只需要为团体引进一个价格体系就可以了。灵活运用“价格体系”还能帮助你更有效率地工作。

解决方案

作为时间和精力都有限的管理者，应该将自己的时间和精力分配给那些最能带来收益的人或事务。

具体地说，管理者可以像演讲大师或者心理咨询师一样，以小时来“收费”。让竞拍者（客户、上司、下属、会议、处理 E-mail、做企划书等）来出价“竞拍”你日程的空闲时间，谁为你带来的收益高，就将自己的时间给谁。这样，那些你更应该去做的工作就会被筛选出来，工作效率自然会提升。

而你所担心的下属或助手敷衍工作的问题，价格体系也能够给予解决，只要你给出的价格足够吸引你的下属和助手，同时你要求的价格补偿足够震慑你的下属和助手。

比如，你将某项事务委托给下属，给出相应的报酬（如奖金、晋升或加薪推荐、经验传授等），而你只需根据下属工作的质量来决定扣减报酬还是全额支付报酬，又或者拒绝支付报酬。这样一来，为了自身的收益，你的下属或助理必然会认真地对待你交付的事务并尽可能地将其做好。

经济学小常识

价格体系：也称价格结构，是一个国家或地区内由相互联系、相互制约的各种商品、服务和生产要素的价格形成的有机整体。商品价格、劳务价格和生产要素价格都包括在价格体系内。调整价格体系不仅要使商品和劳务价格合理化，而且要使生产要素价格合理化，它们相互制约、相互影响。经济学家认为，市场是调节经济最有效的手段，而价格则是我们了解市场情况的信号灯，具有非比寻常的意义。

为什么公司越开越大，效益却不如从前

岳峰开了一家小型外贸公司，最初的时候，公司只有3个人。但很快，所有的辛苦付出都有了回报。赚得钵满盆满的岳峰决定扩大公司规模，以便赚取更多的钱。

岳峰开始广招员工，人气鼎盛的公司很快就变成了拥有40多名员工的中型私企。

然而，让岳峰意想不到的是，员工多了，单子数量也多了，但交易总额与3个人的时候相比并没有明显增加，反而使公司的支出翻了好几倍。更严重的是，这种情况并没有随着员工对工作熟悉程度的加强而好转，反而更加糟糕了。

面对每况愈下的公司境况，岳峰不得不裁减员工，缩小公司规模。一切又变成了公司刚刚开始的样子。

岳峰心中有一个疑问——人多不是应该力量大吗？为什么人多了，公司反而不如从前了呢？

经济学分析

人多不一定力量大，从经济学的角度来说，其实就是“规模不经济”（所谓规模不经济是指，在生产规模达到一定程度后，厂商继续扩大生产规模会导致经济效益下降。相反，厂商由于扩大生产规模而提高了经济效益，则称为规模经济）的问题。

一味追求大规模，未必能够实现高效益。当生产规模达到一定程度以后，再想通过扩大规模来获得更多的效益、追求规模经济的优势就变得不现实了，反而会诱发规模不经济。

岳峰管理自己的公司，公司赚了钱，应该扩大规模，但实际上再招一两人即可，而他却偏偏多招了许多人，将规模扩大到不合理，如此一来，公司的运营当然会出问题。

那么，为什么会有规模不经济的现象存在呢？

其一，各种生产因素都是有一定极限的。

其二，专业化分工固然可以提高效率，但是分工不可能无限地细化下去。而且专业化分工也具有一定的副作用，专业化分工往往使得工作变得机械化，从事工作的人很容易产生厌烦情绪，使得效率大大降低。一开始，在岳峰的公司一个人要负责与外籍公司合作的全部事宜；而扩大后，一人负责售前，一人负责运输，一人负责售后，甚至分得更细。这种细化虽然看似更加正规，但却并没有带来收益。

如此一来，成本增加了，收益却没有什么变化，自然就出现了规模不经济的情况。

总之，如果一味追求规模经济，必然会导致单位成本的上升，诱发规模不经济的情况。

其三，从管理学的角度来说，规模的扩大会导致管理上的低效率，生产规模越大，其管理层次越多，企业内的协调和控制也就越困难，从决策到执行所需时间都会增长，而其执行的有效性也难以保证，这种管理上的局限性必然会带来规模不经济。

解决方案

显然，岳峰急于做大，盲目扩张，才导致自己创办的公司陷入了规模不经济的困局之中。要想摆脱这种困局，就要吸取这方面的经验教训，在追求扩张的同时，也应该着力做实做强，在核心业务做实做强的基础上再追求规模经济，这样才能永远立于不败之地。

换言之，在创业的过程中，与其盲目追求大规模、壮大公司，不如追求生产要素（人力、物力等）效用最大化，如此才能达到创业的最终目的——收益最大化。

经济学小常识

规模报酬：是指在其他条件不变的前提下，企业内部各种生产要素按相同比例变化时所带来的产量变化：“一根筷子容易折，一把筷子折不断”，是说规模越大，力量越大，是规模报酬递增；“一个和尚挑水喝，两个和尚抬水喝，三个和尚没水喝”，是说人多力量确实大，但未必就一定会有更高的效率，是规模报酬递减；“多一个少一个并没有差别”，是说数量的增加并不能带来效率的增加，是规模报酬不变。在经济学上，企业的规模报酬变化就有规模报酬递增、规模报酬递减和规模报酬不变三种情况。下面我们举例加以说明。

假如某大型饮品厂饮品的月产量是10万吨，耗用了100个单位的资本和50个单位的劳动。现在将生产规模扩大一倍，使用200个单位的资本和100个单位的劳动，这样一来，产量可能会有如下三种情况：其一，规模报酬递增，产量增加的比例大于生产要素增加的比例，产量超过了20吨；其二，规模报酬递减，产量增加的比例小于生产要素增加的比例，产量低于20吨；其三，规模报酬不变，产量增加的比例等于生产要素增加的比例，产量等于20吨。

生产规模的变化之所以能使企业的规模报酬也发生变化是有其原因的。在经济学上，引起规模报酬递增的是“规模经济”，也就是由于产出水平的扩大或者生产规模的扩大而引起产品平均成本的降低。相反，引起规模报酬递减的是“规模不经济”，也就是因产出水平的扩大或者生产规模的扩大而引起的产品平均成本的增加。

如何避免成为“炮灰”

肖扬在一家体育用品公司从事销售工作，从最初的销售员到后来的销售经理，一干就是5年。这5年内，肖扬为公司开发了数量众多的客户，为公司的发展做出了不小的贡献。但即便是这样，当市场不景气、公司面临危机时，他还是成了“炮灰”——公司补给他3个月的工资，炒了他鱿鱼，而接替他职位的是一位空降而来的据说拥有硕士学位和庞大客户资源的销售精英，并且其工资是肖扬的数倍。

肖扬的职场经历让人不忿，却屡见不鲜，职场中的“炮灰”总是比主角多。但谁会想到勤勤恳恳工作最后仍被牺牲掉呢？那么，我们是否思考过这样的问题：为什么炮灰的命运总是落到我们头上，我们要如何才能摆脱这种命运呢？

经济学分析

从经济学的角度来说，员工与老板之间，其实就是人力资源市场中买家与卖家的关系，而产品则是员工的劳动力。员工之所以可能会被“炮灰”掉，是“替代效应”在起作用。

老板在购买劳动力时，往往会在既有的支出条件下选择能给自己带来最大效用（员工为公司创造的收益、员工给自己带来的愉悦体验等）的劳动力组合。当支出缩减时，为了保持效用不变，则购买劳动力的状况势必会发生变化。比如，为了缩减开支，公司会裁掉许多员工。又或者，当某一劳动力价格下降时，公司会用优质劳动力换掉对应的相对劣质的劳动力，以便在支出不变的情况下获得更大的效用。又或者，当某一劳动力效用增加，但想要购买也要支出更多时，只要公司认为与增加的效用相比多出来的支出是值得的，就会毫不犹豫地用这一新的优质劳动力替换掉旧有的不那么优质的劳动力，而肖扬就属于这种情况。

解决方案

想避免沦为“炮灰”，就要想办法让自己无论在什么情况下都是不可替代的。

当公司缩减开支准备裁员时，如果你所产生的效用要大于大多数成员，又或者你足够关键（比如，公司只有你一人能做会计方面的工作），那么你多半不会上裁员的“黑名单”。

当某一劳动力降价时，即便你的价格偏高，但只要与高出的价格相比，你带来的效用也超出足够多；又或者你主动降低价格，与对方所产生的更多的效用相比，你的低价格足够吸引公司，那么你被裁掉的可能性也会相对较小。

总之，只要你给公司带来的效用足够高，你就不会沦为“炮灰”。值得一提的是，员工给公司带来的效用，不仅包括员工的工作成绩，还包括员工的威信、与上司下属的关系、协调气氛的能力等方面。换言之，你所产生的效用多少，不仅取决于你做了多少工作、工作的结果如何，还取决于你与公司上下的关系是否融洽，取决于你是否善于制造快乐，取决于你是否能够带动他人等。

经济学小常识

替代效应：一种商品的名义价格（以某些货币表示的，未经过通货膨胀的调整的价格。比如，1976 年一斤大米的价格是 0.2 元，到了 1981 年变为 0.5 元，1991 年变为 1.91 元，2007 年约为 2.8 元，这些不同年份的价格没有经过通货膨胀调整，就称为名义价格）发生变化导致的消费者所购买的商品组合中该商品与其他商品之间的替代，称为替代效应。

第 5 篇

投资理财篇

怎样不忍耐也能存到钱

储蓄意味着缩减消费，又或者增加收入。无论是前者还是后者，都会让我们觉得痛苦——缩减消费意味着看见好看的衣服也不能买，意味着享用不到更好的食物，意味着要放弃旅行计划；增加收入意味着要更加努力地工作，意味着周末的约会被加班所替代……为了存到足够的钱，我们中的大多数人都必须忍受一些让自己痛苦的事情。

但是，方法永远比问题更多。

康宜文在清华大学校友圈子里颇有名气。而他的名气来自他独特的存钱方式。那是一种完全不用忍耐的方式。他在家里一进门的地方准备了一个大存钱罐，每天晚上他都会将他所有的零钱放进去。6个月后，存钱罐满了，他存了5000多元钱。

不知不觉地就存了几千元，听起来很不错，是吗？那么，我们是否应该跟随康宜文的脚步呢？

经济学分析

乍一看，这个方法的优点并不那么明显。康宜文频繁地存下自己所有的零钱，而这种方法会让他不断地破开整钱获得零钱。如此一来存的零钱是不少，但是消费的钱也增加了。同时，也让他损失了投资回报方面的收入。此外，每个月带着一大盒钱去银行也不是什么便利的事情。这样的做法使得个人资金的流动性变得很差。

当然，这样的做法为康宜文增加了谈资，使他成了圈子里的"名人"，在一定程度上弥补了流动性差、利息损失和消费增加的劣势。更重要的是，这种方法使储蓄看起来不那么痛苦。而它最吸引我们的地方也是"不痛苦"。

想要真正辨别它可行与否，我们不妨运用经济学中的"双人负和博弈"来分析一下。双人分别是"现在的自己"与"未来的自己"。

"现在的自己"与"未来的自己"都在"存钱""不存钱""有限度地存钱"三种策略中进行选择。"现在的自己"先做出策略选择，"未来的自己"后做出策略选择。

编号	策略（现在的自己，未来的自己）	收益（现在的自己，未来的自己）
1	（存钱，不存钱）	（-1，1）
2	（有限度地存钱，有限度地存钱）	（0，-1）
3	（不存钱，存钱）	（1，-2）

当"现在的自己"存钱时，会觉得痛苦，收益为 -1；但未来的生活会是无忧的，收益为 1。

当"现在的自己"选择不痛苦的存钱方式（如康宜文的存钱方式），收益为 0；由于存到的钱是有限的，尽管能为未来的生活提供一定的保障，但这种保障并不足够，因此"未来的自己"的收益为 -1。

当“现在的自己”选择肆意享受、不存钱，收益为 1；然而未来的生活无以为继，收益为 −2。

很明显，现在不存钱和有限度地存钱都不是好策略；而现在存钱会让我们获得更多的收益。

解决方案

生活中，无论是“现在的自己”还是“未来的自己”都是我们自己，需要兼顾。换言之，博弈者的总收益才是我们选择策略的依据。这样一来，对于现在的我们来说，努力存钱才是上上之策。

人生的财务规划应该立足于长远，着眼于整个人生。为了早日过上富足的生活，我们必须尽早完成财富的积累，进而通过投资手段进入人生财富滚雪球的阶段。换言之，同“天上不会掉馅饼”一样的道理，没有不用吃“苦”的人生。今日的节俭，正是为了日后的富足。

经济学小常识

博弈，是指人与人之间的行为具有相互作用时，个人根据自己所掌握的信息以及对自身能力的认知，选择一种有利于自己的行为来实施。

双人负和博弈，是指双方冲突和斗争的结果是得不偿失，也就是我们通常所说的总收益为负数。这是一种两败俱伤的博弈，双方都遭受了不同程度的损失。比如，理财中，理财顾问与投资者之间，倘若都选择了斗争——前者为提升自己手上的投资总额，一味地让投资者追加投资而忽略了投资者的财产结构是否合理，那么当投资者的财务出现问题时必然会对理财顾问失去信任，另选他人做理财顾问，如此一来，理财顾问手上投资者追加的投资份额远远比不上流失的投资份额，得不偿失；同样，如果投资者对理财顾问的投资行为制约过多，势必让理财顾问无法大展拳脚，进而影响了自己的投资收益。倘若理财顾问与投资者斗争，双方都会有损失，这就是双人负和博弈。

为什么一再购买那只股票或那个品牌

迈克是某金融机构的老客户，多年来他一直认购其旗下的基金、股票，并且由此获得了稳定的投资收益。经济危机一开始，该行就裁员数千人。从此事上，迈克闻到了不同寻常的味道。但是，迈克心中也只是有一个不明的念头闪过，继续追加了自己在金融机构的投资。

后来，迈克支持的这家金融机构又发生了基金清算、撤换总裁等事件。迈克心里也不禁问“难道真的出问题了”，但他仍未打算从中抽身。这种对一家金融机构的“忠诚”，让他多年积累的财富亏损殆尽。

迈克是一位再普通不过的投资者，不普通的是，他在不知不觉间成了一家金融机构的“忠诚投资者”。而这种“忠诚”成了他理财失败的最大原因。

生活中，类似的情况屡见不鲜。比如，迷恋某一品牌（迪奥、香奈儿、哈雷等），只要是那一品牌的当季主打，无论自己需要还是不需要都会买回来，导致入不敷出。最糟糕的是，这种“忠诚”或“迷恋”在不知不觉间就对人产生了影响。要如何才能避免它的负面影响呢?

经济学分析

或许你会认为这种忠诚和迷恋都是不理智的，是感性的。但从经济学的角度来说，却是理性的。我们可以通过经济学家加里·贝克尔创造的“理性成瘾理论”来分析。

其实，迈克在最初决定消费该机构的金融产品时就已经知道，自己很可能对其金融产品一再追加消费。并且，后来他也并非没有意识到风险的降临。只不过一开始的时候他所预计的自己上瘾的成本小于自己的收益是正确的，其后他错估了收益与上瘾成本的关系。

之所以有那么多人追捧品牌，是因为尽管品牌商品的价格昂贵，但品牌的质量保证、周到的售前售后服务、拥有限量产品的自豪感等所产生的巨大效用，使得他们觉得即使自己所支付的金钱很多也是值得的。

要想避免上瘾行为带来的负面影响，就要尽量确保理性思考的正确性。比如，如果迈克能够确保正确预估风险，就不会过高地预估了效用，也就不会因为上瘾行为而损失惨重。

解决方案

具体地说，日常生活中，我们可以从这样几个方面努力避免上瘾行为的负面影响。

首先，不妨自我审视一下自己的效用是否合理，如尽管更喜欢高风险高收益的金融产品，但也不能忽略自己对风险的承受能力，否则一旦对高风险高收益的金融产品上瘾就很可能破产。再如，一味追求超出自我经济能力的品牌商品，只会让自己入不敷出，一辈子也成不了有钱人。

其次，可以给成本硬性设定一个界限。比如，将每个月投资到高风险、高收益金融产品上的金额设定为1500元；不带卡、带有限的现金，如此一来即便觉得买下某一商品一定会非常高兴，也无法将这种负面的上瘾行为付诸实践。

经济学小常识

理性成瘾理论：该理论是由诺贝尔经济学奖得主加里·贝克尔提出的。

理性成瘾理论从一种全新的视角来看待上瘾行为。该理论认为，个人决定消费某一具有上瘾性的商品，并不是没有认识到商品的上瘾性，而是在偏好稳定的情况下追求个人效用的最大化。换句话说，个人消费某一商品时，就已经认识到这是上瘾消费，要付出的成本不仅是当下的现金成本，还有未来上瘾的成本；只不过消费行为的收益超过未来上瘾的损失，所以才做出了消费的决定。

储蓄，还有必要吗

杨柳前几日在银行偶然碰见了一位多年未见的朋友，朋友是到银行取钱的，而杨柳是存钱的。闲谈中，杨柳了解到，朋友从来不存钱，说是存钱就是亏钱，那点儿利息还不够上涨的物价。因此，朋友通常是有了钱就投到股票、指数基金、期货等上面，也从来不担心缺钱的问题，毕竟现在有个东西叫信用卡。朋友还很自豪地说，他的第一桶金正是通过信用卡来的。2008年，他从信用卡中提现25000元杀进股市，谁知1年后就翻了一番。

朋友对杨柳按月存钱的行为很是鄙视了一番。而对比朋友那看起来明显很富有的样子，杨柳不禁开始怀疑——难道不储蓄时代真的来了？

随着时代的发展，像杨柳朋友这样的人并不在少数，在他们的心目中，储蓄早就落伍了，甚至是没有必要的，当然也就更不是理财的必要环节了。那么，这到底是对是错呢?

经济学分析

一个不懂得储蓄的人，是没有可能成为一个富人的。储蓄是财富增值的第一步。任何财富的积累都是从储蓄开始，一步一步走向辉煌的。如果不储蓄就无法完成资金的积累，也就无法让财富像滚雪球一样增加。

对此，或许有人会说，杨柳的朋友没有储蓄，通过信贷也一样有理财投资的原始资金。但其实杨柳的朋友并非没有“储蓄”，他不过是将储蓄以积累资金的形式与投资的顺序颠倒了一下。他从信用卡中提现 25000 元以后，必然要分期还款，而每期都需归还一定的款项，这不正相当于储蓄吗？

倘若与杨柳的朋友一样遇到投资的好时机，我们也大可更换一下储蓄与投资的顺序。但没有人能跳过储蓄的积累而直接进行理财投资。没有储蓄，就没有本金，没有本金又拿什么来投资理财呢？

储蓄之所以重要，除了它作为本金的功能之外，还有一个重要意义，就是它作为一种习惯，能够让你感受到金钱的累积过程，培养良好的消费习惯，更重要的是，储蓄会让你学会投资中非常重要的东西——永远不要让你的本金有所损失。

此外，储蓄的低风险为生活平添了一道坚实的保障。“现在已经是负利率时代了，储蓄根本跟不上通胀，储蓄根本没有用”，这话从一个方面来说确实没错，但从另外一个方面来说，首先，储蓄是无风险的投资项目，相比起银行理财和基金股票等产品，后者收益虽然高，但是如果你的水平不够，抗风险能力又差的话，还是储蓄更为靠谱。

更通俗地说，将资产的一部分储蓄起来，不仅是投资理财的基础，更是投资失败、亏损后不致衣食堪忧的保障。

解决方案

储蓄是不可缺少的，但也不能成为理财或投资的唯一手段。

非常著名的“九一”法则是强制储蓄的法则。在人们的印象当中，哈佛大学教育出来的人似乎通常都会变得很富有，进而给人以哈佛的学生都很聪明的错觉。其实，他们当中很多人之所以在毕业之后成为有钱人，是因为在学校的时候就接受了“强制储蓄”的教育。

学生进入哈佛大学的第一堂经济课的内容只传授给他们两个概念：第一个是花钱要区分什么是“投资行为”，什么是“消费行为”；第二个是发薪水之后，每月先储蓄其中的30%，剩下的才能用来消费。

正是因为严格遵守了“储蓄30%的工资是硬指标，剩下才消费”这一哈佛教条，这些年轻人在毕业之后才能很快存出自己的“第一桶金”，为以后的富有打下良好的基础。

强制性储蓄就是这样一种有效的聚财方式，它要求人们一定要在完成自己的储蓄之后，才能用剩下的钱去消费。这种储蓄方式看似非常强硬，但是要达到也并不是一件很难的事情。

人们的日常消费是有很大弹性空间的，除了一些必要的花销之外，占据更大消费数额的其实是那些不必要的消费。而强制性储蓄压缩的只是这一部分消费空间。

按照以往的消费习惯，我们在领薪之后最先想到和最先做的，往往不是拿出一部分来强制储蓄，而是先想如何“犒劳”自己，以及满足自己对“奢侈品”的需求。我们第一时间最常做的事往往是冲进商场购买那件上星期看好的新款风衣，或者约好朋友到某家时尚的火锅店去“开荤”，再或者购置一堆生活用品大包小包拎回家……总之，满足自己忍了好多天的“消费饥渴”永远都是最迫不及待的，而想到要存钱，已经是花到所剩无几之后的事儿了。因为所剩无几，最后当然也就懒得去存，没有存款是很正常的事情。

结果，一年下来你银行户头仍然处于最“原始”的状态，甚至欠了一大笔的信用卡债。你的储蓄卡要么形同虚设，要么成了你的提款工具，根本起不到积累财富的作用。这样的情况，你还能容忍多久？你又还能坚持多久？如此下去，你恐怕永远也没有办法实现自己的财富梦想了。

只有将自己“收入－支出＝储蓄”，即把花剩的钱拿去储蓄的分配习惯，改变为“收入－储蓄＝支出”，即先决定每个月的储蓄额度，再反推一个月可以有多少开销的分配习惯，才能彻底摆脱每月“前松后紧”的“月光”命运。

所以，在工资发下来之后，不妨学习一下那些哈佛毕业的高才生们，先拿出收入的 30% 存入银行或购买一些小额国债、基金、保险等，“先下手为强”，存了钱再说。这样一方面可控制每月预算，以防超支；另一方面又能逐渐养成节俭的习惯。因为，当你拿出收入的 30% 之后，你会发现自己手里的钱已经没有想象得那么多了，这也就在无形中让你的消费行为有所收敛，减少生活中的浪费。

强制储蓄绝对是财富积累的好习惯，你只要肯坚持下去就能让自己的小金库日渐丰盈起来。即使你的收入不高，也能在坚持一段时间之后看到很好的效果。当然，如果你的薪水在扣除 30% 的强制储蓄之后已经无法满足最基本的生活需求的话，那么，建议你还是换一份更有“钱途”的工作吧。

经济学小常识

负利率：指银行利率减去通货膨胀率后为负值的情况。在这种情况下，人们存进银行的钱往往会无声无息地蒸发掉。

当人们把钱存入银行后，银行都会给出一些利息作为回报，但是由于通货膨胀的存在，等到你把存款取出来的时候它能购买的东西往往要比你存进银行之前能购买的东西少，而这样的结果就是因为银行利率低于通货膨胀率，也就是负利率。一般来说，人们将钱存进银行，那么存款的实际收益等于利率（明赚）减去通货膨胀率（暗亏）。

股票有风险，利率跑不过物价怎么办

投资股票，稍有不慎就血本无归；买债券、买基金，那点儿收益还赶不上物价的涨幅；炒期货，受不了一跌一升的刺激……这该如何是好呢，难道这辈子都要为了钱而纠结？

经济学分析

风险是整个投资过程的重心，一项投资计划若没有风险，也就不存在困难，当然这样的投资利润也是相当低微的。而风险的存在意味着与预期相比，实际上发生的坏事可能更多。例如，我们购买了一辆新车，没有预期它会被盗，但确实有被盗的风险存在，尤其是它的外形如此引人注目，那么为了避免这种损失，为了规避风险，我们就要购买保险。

同样，虽然我们不希望自己手里的股票跌价，但这是有可能发生的，为了规避这种风险，我们就必须将资金分散，不能把所有的资金都用于购买一种股票，即使它看起来前景是那么美好，也不要忘记其风险的存在。

风险，谁也不想要；收益，当然越多越好。然而，事实却是我们想要的收益与不想要的风险牢牢地绑在了一起。

这种情况固然让人不那么痛快，但也难不倒经济学家。美国经济学家马科维茨于1990年获得诺贝尔经济学奖的组合投资理论就能够帮到我们。

马科维茨首先假设所有的投资者都是理性的，也就是说可以在期望风险水平给定的情况下做出收益最大化的选择，或者在期望收益水平给定的情况下将风险最小化。然后在此前提下建立资本资产定价模型来解答投资者如何在风险和收益之间做出取舍，这个模型可以告诉人们如何在风险和收益之间找到均衡。

在投资中，预期风险和收益都具有不确定性，怎样选择带有不确定性的收益和风险直接关系到投资的最后收益。如果对于风险规避过于厉害，投资过于分散，那么就会使收益减少；如果完全不考虑风险，孤注一掷地投资，又很有可能会赔光血本，因此组合投资才是可取的。

总的来说，进行投资前先对风险的大小和收益的多少进行综合评估，然后再来决定购买哪几种金融产品，每种购买多少，方为最明智的选择。

解决方案

简单地说，所谓组合投资，就是根据自己对收益的渴求程度以及承受风险的能力把资金投入相关系数低的投资产品里（也就是不同的篮子里），如股票、基金、债券各买一些，这样的组合才能发挥组合投资的优势。

比如，投资大师格雷厄姆在《聪明的投资者》中给出的建议就很好，他建议，当股市处于牛市时，投资者应该保证资金的50%投入债券或与债券等值的投资和股票投资中，其中债券投资和股票投资各占资金的25%，而剩余的50%的资金，投资者应该根据股票和债券的实际价格变化而灵活分配其比重，如果股票的盈利率高于债券，那么投资者加大对股票的投资比重，相反，如果股票的盈利率低于债券，投资者则应在债券上多投入一些资金；而当股市处于熊市时，投资者必须当机立断卖掉手中所持有的大部分股票和债券，最多将资金的25%用于股票或债券投资，而这25%的股票和债券是一种预留准备，是为了在股市发生转向时再次快速地杀入证券市场。

经济学小常识

组合投资：组合投资理论是美国经济学家马科维茨于1952年首次提出的，他也因此获得了1990年的诺贝尔经济学奖。马科维茨就组合投资进行了系统、深入的研究，得出了具有深刻的现实意义的内容，该理论内容主要包括两方面：均值—方差分析方法和投资组合有效边界模型。

“大手大脚”的工薪族如何理财

当前大部分人都是工薪族，虽然每月都有固定收入，但是每月除去各种开销所剩无几，一不小心就会花个精光。并且大多数工薪族都对投资一知半解，风险承受能力不强——一旦投资失败，往往就会生活堪忧，更重要的是，未来的各种安排也会受到严重影响——比如你 3 年后想出国深造，5 年后想买房子，30 年后要有养老钱……

简单地说，工薪族具有各种投资的不利条件。如此还能投资理财吗？应该如何投资理财呢？

经济学分析

经济学家们告诉我们，对于工薪族来说，基金是很不错的投资对象，甚至可以说基金是为工薪族“量身定做”的理财产品。

首先，基金定投符合工薪族按月领取收入的现实情况，每个月都有固定的收入，这样就能保证你每个月资金的投入。虽然薪水有限，除去各种费用可能剩余不多，但是又想投资，那就不妨选择小额的定投方式。

其次，基金定投能够使工薪族避免一不小心就变成了“月光族”。有的人每月的工资不知去向，一不小心就会花个精光，那就不妨尝试一下强制性的投资方式吧。我们可以将扣款日期定在发工资后的第二天或离得相对较近的日子，到时自动扣除，这样即使想花这笔钱也不可能了。

最后，基金一方面投入得相对较少，另一方面有较为专业的人士替你打理，如此一来，对投资一知半解的工薪族就不用每天都辛苦地盯着股市的大盘，被红红绿绿的数字变化搅得心神不宁了。

虽然基金的风险较小，但收益相对债券、储蓄来说更高。如此一来，风险承受能力不够高的工薪族们既能避免风险过大带来的心跳一百八，又能保证收益，保证未来的资金计划，是很不错的投资对象。

值得注意的是，基金定投虽然很适合工薪族，但需要投资者长期坚持，不要“三天打鱼，两天晒网”。因为是定期定额的投资，所以肯定是一种长期的行为。而资金定投也具备稳步获利的优点，它的相对平稳性势必需要一个长期的环境才能体现出来。所以它需要有足够的耐心、恒心和信心，也只有有耐心、准备长期投入的人才能赚得更多。如果想通过短线投资一夜暴富，那这种方式一定不适合你。

解决方案

至于如何选择适合自己的基金来作为定投对象，除了要考虑基金累计净值增长率和基金分红比率这些相对比较固定的因素外，还要看它波动的大小。不要以为基金波动小就不会有风险，因为它的操作方式相当于有人代你炒股，风险大家分摊，但是并不代表没有风险。所以，你在选择时一定要先考虑好再下注。

波动较大的基金在净值下跌的阶段比较有机会积累较多的低成本份额，当其反弹时获利相对较快，但是风险自然也就比较大；波动较小的基金通常绩效比较平稳，风险较小，但是相对平均成本不会降低太多，获利比较有限。

不过，由于基金本身的风险已经被降低，相比而言波动较大的基金长期回报率一般会高于波动较小的基金。所以如果你的理财目标是长期的，超过五年，选择波动较大的基金反而更加合适；相反，如果是较短时间的，那还是选择波动较小的基金比较好。

当然，具体情况还要具体分析。在购买某项基金之前，一定要事先做好咨询，进行分析对比，选择更加适合自己的产品，这样才能获得长远的利益，让自己的财富聚沙成塔、由小变大。

经济学小常识

基金：这里的基金指的是由基金管理公司通过发行基金单位，集中投资者的资金，由基金托管人托管，由基金管理人管理和运用资金，从事股票、债券等金融工具投资，然后共担投资风险、分享收益的一种间接证券投资方式。而这种“间接”的最主要体现方式就是托专业人士帮你投资理财。所以，一般而言，基金较炒股的风险要小很多，又比在银行储蓄的利润要大，所以在近年来比较受大众欢迎。

基金的投资方式一般分为两种，一种是单笔投资，另一种是定期定额投资。对于没有什么投资经验、资金又不太多的人而言，可以选择第二种投资方式，也就是一般所说的“基金定投”。基金定投是指在一个固定的时间以固定的金额投资到指定的开放式基金中，如在每月6日将600元定期投入某项基金，有点类似于银行的零存整取。

当然，现在的投资方式不用你每个月都跑去银行投资，只要你购买好某项基金，约定好时间、扣款金额，就会每个月自动从你的账户扣款投资。基金定投具有三大优点：

第一，投入定期化聚集了小钱。因为每个人每隔一段时间可能手里就会有一些闲钱，与其在不知不觉中消费掉，不如拿来投资，每个月虽然投入不多，但是时间一长就会积累起一笔不小的财富。

第二，扣款自动化简化了操作。基金定投的办理手续非常简单，只需要到基金代销机构办理一次性的手续，以后每期的投资金额就会自动从你的银行账户中扣除。

第三，投资平均化分散了风险。因为资金是按期进行投入，这样投资的成本就会比较平均，有效地分散了一次性投入所带来的较大风险。

如何应对随时可能出现的财务危机

无论今天我们多有钱，明天都有可能陷入财务危机中。投资失败、失业、疾病、意外事故……任意一件事都足以让我们从身家百万沦落到不名一文。

更糟糕的是，现在我们中的大多数人根本没有百万家产，也不可能为可能发生的糟糕的事准备好应急的钱。

那么，这是否意味着我们只能祈祷自己的运气好一些呢？我们能否通过理财来保证即使糟糕、不幸的事情发生，我们的情况也不会变得很糟糕呢？

经济学分析

做好投资保险，是对我们财富和生活质量的保障，能够帮助我们抵御那些糟糕的事带来的负面影响。

首先，投资保险使财富的积累更有意义。

有这样两个截然不同的人：一位是开公司的大老板，另一位是普通的打工者。然而，两个人却同时在一次车祸中离开了人世。

结果，老板的离世使公司陷入了混乱，不得不宣告破产，而他的家人也被迫从原来的别墅里搬了出来，生活日渐困苦；而打工者的家人，由于得到了保险公司的理赔，虽然悲痛，却能够过着衣食无忧的生活。

由此可见，财富如果不能在最关键的时候为我们或者我们的家人提供帮助，那么即使再多也是毫无意义的。只有那些能在最关键的时刻给予我们帮助的财富才是真正的财富。而对保险的投资就是这样一笔真正的财富。

其次，投资保险，是未雨绸缪，是对风险的一种管理方式。只有拥有了投资保险的习惯，我们的人生才会稳健，才会不因前路未卜而忧虑。人生充满了不可预知的风险，我们不能等到风险发生了才去问“还可不可以买保险”。投资保险的规则就是：平日要烧香，否则一旦风险发生了，也就等同于你失去了获得保险保障的权利。

最后，保险是我们人生航船所必备的救生艇，不可不备。我们知道，越是规模大的豪华邮轮，往往越会配备更多数量、更高安全系数的救生艇。假使我们要做一次横渡大西洋的旅行，两艘邮轮，一艘配有救生艇，一艘没有；有救生艇的邮轮比没有的那艘贵几美元。那么，你会选择哪一艘邮轮呢？相信绝大多数人都会选择有救生艇的那艘，因为，它的安全系数更高。

因此，对于任何人来说，花适量的钱投资保险，为自己买一个可靠的保障，都是非常必要的。

解决方案

虽然保险投得越多越全面，人生的保障就越多，但是投资保险的费用也并不是一个小数目。对于普通人来说，以尽可能小的代价获得较全面的保障才是购买保险的最佳结果，而这就需要遵循以下这些基本原则：

第一，要量力而行。也就是说，对保险的投入资金必须与家庭的经济收入状况相符，正如哈佛大学对学生的建议一样，“在条件允许的情况下，购买其他种类的保险是有好处的”，言外之意就是，如果条件不允许，那就需要依实际情况而定。一般来说，专家推荐的保险支出最好是 10%~30% 的收支结余，这样才能确保你不会无力支付保险，也能够保证保险投资比率充足。

第二，要按需选择。在选择保险的时候，要根据家庭所面临的风险种类选择相应险种。例如，一个家庭的经济支柱是男主人，而男主人的工作危险程度较高，那么该家庭首先应该为男主人的生命和身体购买保险。而对于哈佛学子来说，“身体是革命的本钱”，因此健康医疗保险是优先考虑的，哈佛大学之所以强制学生购买健康保险也是基于此。

第三，要考虑先后顺序。在考虑先购买什么保险、后购买什么保险时，往往是优先考虑损害大、频率高的保险；而考虑到保险都具有免赔额，低于免赔额的损失，保险公司是不会赔偿的，因此对于损失较小、自己家庭能承受得了的风险，一般不用投保。比如，房屋如果失火或是发生别的意外，就会损失严重，所以很多家庭都会为自己的住房投保；而很少人对普通家具、电器等东西投保，因为这些东西的损失较小，且损失经常在免赔额之下。

第四，要合理组合。将各种保险项目进行科学组合，并综合利用各种附加险，使保险的功用最大化。比如，你购买了主险种，如果有需要，也可以购买其附加险，这样能够避免重复购买多项保险。举个例子，购买人寿险时附加意外伤害险，就不用再单独购买意外伤害险了；而且与单独的保险相比，附加险的保费明显较低，组合性地购买附加险，能够帮助你节省保费。

第五，不要轻易退保。退保要谨慎，主要是基于以下原因的考虑：其一，退保后没有保障；其二，即使退保，你也不能拿回所有的钱，这会使你蒙受不必要的经济损失；其三，一般来说，年龄越大，保费也越高，一旦以后你需要重新购买，会使你花更多的钱。此外，如果你需要用钱，不用退保同样可以解决问题。比如，你可以持有效保单、通过书面申请向保险公司申请贷款；你还可以减额缴清保费，以减轻自己缴纳保险费的负担。

总之，购买保险必须根据自身情况，具体情况具体分析，切不可盲目跟风，最终造成不必要的损失。

经济学小常识

保险：保险实际上就是一个具有法律效应的“经济合同”。投保人根据合同的约定，向保险人缴纳保险费；保险人承担合同约定的可能发生的事故的赔偿责任，一旦合同约定的被保险人死亡、伤残、疾病或者达到合同约定的年龄、期限时，保险人就向受益人给付合同约定的保险金。

从经济角度来看，保险是一种分摊意外事故损失的财务安排；从社会角度来看，保险有利于社会生产和生活的稳定，是社会经济保障制度的重要组成部分；从风险管理角度来看，保险能够有效管理风险，将风险限定在一定的范围之内。

图书在版编目 (CIP) 数据

超实用活学活用经济学规律 / 陈计冰著 .—北京：中国法制出版社，2020. 4

ISBN 978-7-5216-0849-6

Ⅰ. ①超…　Ⅱ. ①陈…　Ⅲ. ①经济学－通俗读物　Ⅳ. ① F0-49

中国版本图书馆 CIP 数据核字（2020）第 023706 号

策划编辑：李佳（amberlee2014@126.com）

责任编辑：李佳　刘阳

封面设计：杨泽江

超实用活学活用经济学规律

CHAO SHIYONG HUOXUE HUOYONG JINGJIXUE GUILÜ

著者 / 陈计冰

经销 / 新华书店

印刷 / 三河市国英印务有限公司

开本 / 710 毫米 ×1000 毫米　16 开

印张 / 12.25　字数 / 181 千

版次 / 2020 年 4 月第 1 版

2020 年 4 月第 1 次印刷

中国法制出版社出版

书号 ISBN 978-7-5216-0849-6

定价：39.80 元

值班电话：010-66026508

北京西单横二条 2 号　邮政编码 100031

传真：010-66031119

网址：http://www.zgfzs.com

编辑部电话：010-66054911

市场营销部电话：010-66033393

邮购部电话：010-66033288

（如有印装质量问题，请与本社印务部联系调换。电话：010-66032926）